점 ; 심

點　　　마음에　　　心
　　　점을 찍다

마음 속의 나,
내 안의 마음을 찾아가는
마음 안내서

점 ; 심

點　마음에 　心
　　점을 찍다

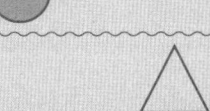

내가 왜 이러는지 모를 때
내 마음에 갇혀서 답답할 때
내 삶의 주인공이 내가 아니라고 느낄 때
당신을 위한 따뜻한 '점심點心' 한 그릇

마음에 점을 찍어도 좋고,
그저 밥 한 끼로 생각해도 좋고
아무래도 상관없는 자유로움을 향한 첫 걸음

THE PURPLEMEDIA

점點; 심心

9세기 중국 당나라 때의 일이다.

학승으로 유명했던 『금강경』의 대가인 덕산德山(780-865)스님이 아직 선禪의 세계를 알지 못했을 때의 이야기이다.

어느 날 길에서 떡 파는 노파를 만난 스님이 떡을 사서 점심點心을 때우려는데 노파가 물었다.

"등에 지고 있는 것이 무엇입니까?"

"『금강경』의 주석서입니다."

"내가 한 가지 물을 게 있는데, 만일 대답하신다면 떡을 그냥 보시하여 점심으로 드리겠지만, 대답하지 못하면 다른 곳을 찾아가 먹도록 하십시오."

"물어보십시오."

"『금강경』에

'과거의 마음도 얻지 못하고 過去心不可得,

현재의 마음도 얻지 못하고 現在心不可得,

미래의 마음도 얻지 못한다 未來心不可得.'

라는 말이 있습니다. 스님은 점심點心을 먹으려 하는데,

점찍고자 하는 그 마음點心은 어디에 있습니까?

上座欲點那箇心(上座, 欲點心, 點心那箇)"

덕산은 발문이 막혀 대답할 수 없었다. 점심을 하지 못한 것은 말할 나위도 없다. 이후 그는 발심하고 정진하여 깨침을 얻게 된다.

1980년대 후반, 대학 시절의 나는 오렌지족이라고 불리는, 이른바 '금수저'였다. 부모님 덕분에 강남에 살았고 차를 소유했으며, 중소기업 직장인 월급 정도의 용돈을 받으며 물질적으로는 어려움을 모르고 살았다. 밖에서는 비슷한 친구들과 비슷한 유흥을 즐기는 삶을 살았지만, 그 시절의 나는 의욕 상실과 열등감으로 우울증과 불면증에 시달렸고, 삶을 지탱해 나가는 게 매 순간 힘겹고 두려웠다. 무엇보다도 '내 삶을 내가 살고 있지 않은 느낌' 속에서 살았고, 앞으로 살아갈 뻔히 보이는 미래의 시간이 출구 없는 어두운 터널처럼 막막하고 지겹고 끔찍하게 느껴졌다.

그렇게 의미 없는 시간을 보내던 중 스승님을 만나게 되었고, 3년 뒤 우여곡절 끝에 지리산으로 출가하게 되었다. 이때 나는 강남의 집과 회사를 포기했고, 상속 포기 각서까지 쓰고 나왔다. 나는 '스님'이 아닌 '수행자'가 되고 싶었기 때문에 세상의 제도 안으로 출가하지 않았고, 세상에서 벗어나 깨닫고 싶었기 때문에 전기도 전화도 없는 지리산 깊은 산중으로 들어가게 되었다.

산중생활은 그야말로 힘들었다. 도시의 안락함과 쾌락에 익숙했던 나는, 새벽 예불을 시작으로 종일 이어지는 기도와 수행을 해야 했다. 밤이 되어 잠자리에 들 때면 늘 온몸이 부서지는 듯 아팠다. 달라진 수면 패턴과 육체적 한계로 잠이 턱없이 부족했고, 불면증은 사라진 지 오래였다. 그런데 이렇게 육체의 한계와 부족한 수면에 시달렸음에도 마음 한 편은 고요했다.

화두를 챙기고 기도를 하는 와중에도 하심과 참회를 하며 에고에서 벗어나려고 애썼지만, 에고는 쉽게 나를 놓아주지 않았다. 그런데도 정신은 곧추서 있었고, 늘 맑았고, 힘찼으며, 의욕에 넘쳐 있었다. 특이한 점은 스승님께서 나에게 책을 읽지 못하도록 하셨던 점이다. 사람마다 다 다른데, 나 같은 경우는 오히려 머리에서 글을 빼내야 한다고 말씀하셨다.

하지만 쏘아진 화살도 마지막에는 종이 한 장을 뚫지 못하는 것처럼, 5년 정도의 시간이 흐르자 정체기가 생겼고 매너리즘에 빠지게 되었다. 세월에 나를 맡기고 사는 삶을 7-8년 동안 지속하다가, 새롭게 발심하여 정진하는 대신 생각 하나를 잘못 일으키게 된다. 이것은 지금도 굉장히 후회하는 지점이다.

그렇게 세상으로 돌아와 일반인으로 세월과 함께 살아나가다 보니, 세상엔 '명상'이 유행하려는 움직임이 보였다. 하던 일이 이 일이기도 하고, 이론에 대한 궁금증으로 불교 명상 지도사 과정을 다니기도 하고, 불교대학원도 다니면서 산에서 배우지 못한 명상 이론을 공부하기 시작했다.

그런데, 명상을 공부하는 사람들과 친분을 갖게 되면서 이해할 수 없는 부분이 생겼다. 스님들은 그래도 자신에 대해 부끄러움이 있었는데, 일반인들 중에는 스스로 대단한 경지라고 생각하는 사람들이 많았다. 내가 보기엔 이론적인 측면도 수준이 높지 않았고, 명상을 하면서 느꼈다는 체험도 대부분 대단한 체험이 아닌 경우가 많았다. 그들이 생각하는 명상을 통해서 얻는 경지는 대부분 주관적인 느낌에 지나지 않았다. 낮은 이론 수준과 주관적인 체험이 합쳐져서 스스로 과대망상에 빠져 있는 경우도 꽤 보였다.

이즈음 불교대학원은 남방 상좌부불교를 받아들이면서, 남방불교의 영역이 넓어지고 있었다. 이들의 명상법인 사마타와 위빠사나를 조금씩 알게 되면서 그들이 주장하는 명상의 체계적이고 논리적인 이론에는 호감이 생겼지만, 이들이 주장하는 수행 체계에는 의문이 들었다. 수행의 경지에 대한 추상적이며 주관적인 표현은 이해하기 어려운 부분이 많았고, 자의적으로 해석될 여지가 많았다.

한편, 선불교를 중심으로 하는 북방불교는 여전히 어려운 한자와 모호하고 추상적인 표현으로, 체계적인 이론 전개 없이 비논리적 모호성 뒤에 숨어 있었다. 때문에 선禪을 공부하려는 사람들에게 높은 진입 장벽이 있었고, 이런 이유로 대학원에서 선의 영역은 조금씩 축소되고 있었다.

또한, 마음챙김과 마음챙김 명상을 공부해 보니, 남방불교의 명상 기법만 빌리고, 불교 명상법의 핵심인 불교 철학을 빼먹은 채 심리학적 이론을 토대로 재구성한 것에 불과했다. 그러면서 마치 불교 철학은 종교성을 가진, 열등한 것처럼 치부했다. 하지만 이것은 그들이 불교 명상의 본질을 이해하지 못해서 생기는 현상에 불과하다. 불교 명상의 본질은 형식이나 기법이 아니고, 사상과 철학, 그리고 수행에 있기 때문이다.

이렇게 다양한 명상들이 저마다 최고의 방법이라고 주장하고 있었지만, 무언가 명확한 기준이 존재하지 않고, 용어 또한 저마다의 방식으로 사용해 처음 명상을 접하는 사람들뿐만 아니라 어느 정도 명상 공부를 한 사람들도 헷갈리기 쉬운 상태였다.

그래서 나는 요즘 유행하는 명상법들을 정리해 둘 필요를 느꼈고, 과거의 언어가 아닌 현재의 언어로, 서구인의 관점이 아닌 동양인의 관점으로 설명할 수 있어야 한다고 생각했다. 또한, 깨달음에 대한 명확한 구분과 설명이 있어야 한다고 생각했다. 깨닫지 못한 상태에서 깨달음 자체를 논하는 것이 말이 되지는 않지만, 깨달음의 단계에 대한 현실적인 구분과 수행법에 관해서 기존의 수행 이론을 기반으로 설명하려고 했다.

이런 이유로 이 책은 크게 1부와 2부로 나눴다. 1부에서 명상의 공통적인 영역인 마음과 자아, 그리고 명상에 관한 개괄적인 설명을 하고, 2부에서는 북방불교의 선禪에 대해서 설명하려고 한다.

이 책에는 '마음 그릇'이라는 개념과 '명상'과 '수행'이라는 개념이 등장한다. 마음 그릇이라는 개념을 통해 마음이 무엇인지, 자아가 무엇인지, 그리고 자아와 마음의 관계성에 관해 설명하고, 나아가 인간의 심층 의식과 명상과의 관계를 설명했다. 또한, 괴로움이 무엇인지, 괴로움의 원인이 무엇인지, 괴로움을 없애는 방법은 무엇인지에 대해 설명했다.

또한, '명상'이라는 용어 이전에 불교계에서 사용되었던 '수행'이라는 단어를 새롭게 설명했다. 명상이 마음 그릇 안에 있는 마음 요소를 가라앉혀서 마음을 조화롭고 균형 있게 하여 마음에 고요함을 얻는 것이라면, 수행은 마음 그릇을 넓히거나 깨트려서 나를 없애는 것, 즉 무아無我가 되어, 괴로움을 느끼는 마음의 한계, 즉 나의 경계를 없애는 전통적인 수행법으로 설명했다.

이글은 선의 시각으로 설명되었다. 선을 공부한 입장에서 선을 중심에 두고 다른 명상들을 살펴보았기 때문이다. 그리고 이 글은 되도록 고등학교를 졸업한 정도의 학력이면

읽을 수 있을 정도로 현대적인 용어로 쉽게 설명하려고 했다. 그럼에도 선을 설명하는 데 있어서 바꿀 수 없는 용어들은 그대로 쓰고, 챕터 마지막에 설명을 보충했다.

세상에 그 어떤 사람도 행복하기만 한 사람은 없고, 불행하기만 한 사람은 없다. 젊을 때는 미숙한 어리석음으로 인한 치기 어린 시행착오와 조바심 나는 미래가 나를 괴롭히고 늙어갈 때는 방치된 고집으로 인한 비겁한 오만과 외면하고 싶은 과거가 나를 괴롭힌다. 아무리 나의 기억과 생각을 조작하더라도 괴로움은 늘 그 자리에 존재할 뿐, 사라지지 않는다. 이 책을 통해 젊은이들에게는 지혜를 얻는 동기가 되고, 중장년에게는 부끄러움을 아는 계기가 되어 마음의 괴로움에서 조금이나마 벗어났으면 한다.

마지막으로, 이 글을 쓰는데 바탕이 된 그리운 스승님과 첫째 사형, 그리고 묵묵히 나의 삶을 바라봐 준 부모님과 늘 기다리고 지지해 준 아내에게 감사함을 표한다.

그리고 혹시라도 나에 대해 궁금한 분은 아래의 링크를 보길 바란다.

https://brunch.co.kr/brunchbook/oldnewlyweds

임진수

책을 펴내며

1부
마음 안내서

1부

마음 안내서

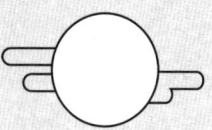

제1장

~~~~~~~~~~~~~~~~~~~~~~~~~~~~~~~~

마음이란 무엇인가
- 명상의 출발점 -

마음의 사전적 의미

명상을 공부할 때 우리가 가장 많이 접하는 단어가 '마음'이다. 명상은 마음에서 시작해서 마음으로 끝이 난다. 한 번쯤은 들어본 마음챙김이란 말에도 마음이라는 단어가 들어간다.

그런데 마음에 관해 공부하면 할수록 이 마음이 무엇인가 하는 의문이 생긴다. 분명 우리가 마음을 대상으로 공부하고 명상하고 수행하는데, 처음에는 단순했던 의미가 알아가면 알아갈수록, 이것이 마음인가 싶으면 다른 뜻으로 쓰이기도 하고, 또 그런가 싶으면 다른 뜻으로 쓰여서, 분명 알고 있는 단어임에도 점점 더 그 뜻을 알기 어려워진다.

만약에 명상을 공부하는 사람이 마음에 대해 이처럼 알 듯 모르는 상태가 된다고 해도 걱정할 필요가 없다. 마음은 이 단어를 사용하는 분야나 상황에 따라 다양한 의미로 사용되기 때문이다. 또한, 명상의 궁극적인 목표는 결국 '그 마음을 버리는데' 있지만, 명상을 배우는 과정에서는 존재하는 마음을 알아가는 과정이 필수적이기 때문이다.

국어사전에는 마음을 다음과 같이 설명한다.

1. 사람이 본래부터 지닌 성격이나 품성
2. 사람이 다른 사람이나 사물에 대하여 감정이나 의지, 생각 따

위를 느끼거나 일으키는 작용이나 태도

3. 생각, 감정, 기억 따위가 생기거나 자리 잡는 공간이나 위치

사전적인 의미에서 보면 마음은 성격이나 품성을 의미한다. 또한, 마음은 마음이 어떻게 작용하고 어떤 태도를 보이는지, 그리고 그렇게 사용한 마음은 어디에 있는지도 의미한다. 그런데 마음을 알기 위해서 사전적인 의미를 되짚어보니, 오히려 더욱 헷갈려진다. 왜냐하면, 마음에 대한 설명을 평소에 쓰지 않는 추상적인 단어로 풀었기 때문이다.

마음의 종류

마음은 우리의 삶에서 수많은 쓰임새를 가지고 있다. 사례를 들어 살펴보면 다음과 같다.

(마음이) 크다/작다, 넓다/좁다, 강하다/약하다, 가볍다/무겁다 등과 '마음이 괴롭다', '마음이 아프다', '마음이 복잡하다', '마음에 두다', '마음이 풀리다', '마음을 주다', '마음이 돌아서다', '마음이 굴

뚝 같다', '마음에 차다', '마음이 통하다', '마음에 없다', '마음을 썩이다', '마음이 곱다', '마음을 놓다', '마음의 문을 열다', '마음을 내다' 등.

이렇게 다양하게 쓰이는 마음이라는 단어를 의미별로 정리해 보면, 첫째는 감정을 표현하고, 둘째는 생각을 나타내며, 셋째는 감정과 생각이 섞여서 사용되고 있고, 넷째는 욕구와 욕망을 말하며, 다섯째는 정신이라는 단어를 대체하고, 여섯째는 마음 그 자체의 의미 등으로 쓰인다. 이렇게 살펴보면 생각보다 마음이라는 단어가 꽤 여러 가지의 의미로 쓰이며, 아무 생각 없이 써 온 마음이라는 단어가 우리의 삶 속에서 다양하게 사용됐다는 것을 알 수 있다.

이렇게 정리해 보면, 마음은 사람의 정신 작용과 관계있다는 것을 알 수 있다. 사람을 몸과 마음으로 구분하기도 하고, 다르게 표현하면 육체와 정신이라고도 한다. 그런데 몸은 정확하게 육체를 의미하지만, 마음은 정확하게 정신에 해당하지는 않는다. 그럼에도 일단 마음을 정신이라고 보고 시작하는 것이 마음을 공부하고 이해하는 데 도움이 된다.

〈마음의 분류〉

감정	생각	감정+생각
마음을 놓다	마음에 없다	마음의 문을 열다
마음이 곱다	마음에 두다	마음을 내다
마음을 썩이다	마음이 복잡하다	마음이 통하다
마음이 풀리다	마음을 주다	마음이 돌아서다
마음이 아프다		
마음이 괴롭다		

욕망/욕구	정신	마음 그 자체
마음이 굴뚝같다	정신(마음)	크다/작다
마음에 차다	육체(몸)	넓다/좁다
		강하다/약하다
		가볍다/무겁다

마음, 몸 그리고 욕구

　사람을 컴퓨터에 비유하면 육체는 하드웨어, 정신은 소프트웨어, 욕구는 에너지인 전기라고 보면 된다. 그리고 욕망은 육체와 정신과 욕구가 서로 어우러져서 만들어지는 작용에 해당한다.

몸 - 육체

사람의 몸은 원소로 구성되어 있다. 우주에 퍼져있는 원소 중의 일부가 모여 '물질로서의 나'를 이룬다. 또한, 세포의 관점에서 보면 정자와 난자가 만나서 수정될 때 '나'라는 몸의 기틀이 만들어진다. 이 기틀을 기준으로 수정란은 세포분열을 하고 영양이 공급되어 나의 몸이 된다. 나의 외적 정체성이 만들어지는 것이다. 나의 얼굴, 체형, 체질 등은 나이를 먹으면서 조금씩 변하지만, 기본적인 틀은 변화하지 않는다. 이런 나의 육체적 정체성을 몸의 기틀이라고 할 수 있다.

원소의 집합체인 나는 육체를 이루어 생명을 유지하기 위해 음식을 먹고 물질과 에너지를 섭취하여 나를 유지해 나간다. 그렇게 유지하던 나는 세월의 흐름에 따라 노화되고, 더는 새로운 세포를 만들어 내지 못하게 되고 생명의 힘은 꺼지게 된다. 죽음을 맞이하면 육체는 다시 우주의 원소로 흩어진다.

마음 - 정신

사람의 마음도 마찬가지이다. 사람의 마음은 '마음 요소'로 구성된다. 물질인 원소처럼 마음의 요소들도 우주에 퍼져있다고 가정해 보자. 이렇게 우주에 퍼져있는 마음 요소 중의 일부가 모여 '정신으로서의 나'를 이룬다. 정자와 난자가 수정될 때, 육체로서 몸의 기틀이 만들어지는 것처럼, 나라고 하는 마음의 기틀인 마음 그릇이 만들어진다. 이 마음 그릇에 마음의 요소들이 담기게 되어, 마음 그릇과 마음 요소가 합쳐져서 나의 마음이 된다. 나의 마음은 이렇게 만들어진다. 그렇게 정신으로서의 나라는 '자아'가 만들어지는 것이다.

인간은 이렇게 만들어진 자아를 유지하기 위해, 끊임없이 자신을 확인하는 작업을 하게 된다. 자아를 확인하는 작업은 세월의 흐름에 따라 자아를 점점 더 단단하게 만들어, 내가 영원히 존재할 것 같은 착각에 빠지게 만든다. 인간의 자아는 육체의 쇠퇴와는 반비례하여 더욱 강화되는 것이다. 이렇게 강화된 자아는 육체의 소멸에 대한 두려움을 만들어내고, 이 두려움은 정신의 소멸에 대한 두려움을 만들어, 생로병사의 괴로움으로 이끌게 된다.

욕구 - 에너지 작용

욕구는 생명의 작용에 해당한다. 사람은 욕구를 통해 자연으로부터 에너지를 얻어 생명 활동을 하면서, 육체를 지탱하고, 번식 활동을 하고, 정신을 유지해서, '나'라는 항상

성을 유지해 나간다.

　이런 욕구는 어느 시점에서 욕망으로 변하면서 정신적인 작용이 되는데, 문제는 욕구와 욕망을 분리하기가 쉽지 않다는 것이다. 욕구가 감각, 감정, 생각, 그리고 자아를 만나 욕망으로 변하면서 정신 작용으로 바뀌는데, 그 시점을 명확하게 확인할 수 없기 때문이다. 이렇게 욕망은 정신적인 작용에 해당하지만, 에너지의 작용인 욕구와 떨어질 수 없는 관계이기 때문에, 순수한 정신 작용의 범주에 넣는 것은 적절하지 않다.

　이런 마음과 몸과 욕구의 작용, 다른 표현으로는 정신과 육체와 에너지의 작용을 동양에서는 '정기신精氣神'이라고 표현하며, 정은 물질화된 에너지, 기는 순수한 에너지, 신은 정신적인 에너지에 해당한다.

'마음'을 담는 그릇

마음 그릇

　'나'의 마음 그릇은 사람마다 다 다르다. 크기, 모양, 재질,

투명도 등 모두 다르다. 그래서 마음이 넓은 사람, 마음이 뾰족한 사람, 마음이 단단한 사람, 마음이 맑은 사람 등이 존재한다. 이렇게 사람마다 다른 마음 그릇에 각각의 방식으로 마음의 요소들이 담기게 되는데, 이때 담기는 마음 요소들도 사람마다 크기, 모양 등이 다르다. 각각 다른 모양의 마음 그릇에 각각 다른 마음 요소들이 담기어 결합하게 되면, 사람마다 고유의 특성인 개성이 되는 것이다.

태어나면서 만들어진 마음 그릇과 그곳에 담긴 여러 마음은 일평생 변하지 않는다. 그런데도 마음이 바뀌는 것처럼 느껴지는 것은 인연에 따라 드러나는 마음이 다르기 때문이다. 인연에 따라, 수면 아래 가라앉아 있던 마음은 떠오르고 가라앉는다. 우리는 떠오르는 마음만 인식할 수 있을 뿐이다.

마음에 대해 이해하기 위해서는 마음을 형태화해서 이해하는 것이 편하다. 마음의 기틀인 마음 그릇을 투명한 비커로 보고 그 안에 마음의 요소가 흙탕물인 상태로 담겨있다고 보는 것이다. 흙탕물에서 흙 알갱이를 감각·감정·생각으로 보고, 물을 욕구로 보면 이해하기 쉽다. 그리고 감각·감정·생각이 각각 욕구와 만나 욕망이 되는 것이다. 욕망은 마음 그릇을 움직이는 힘을 갖게 된다.

보통 사람들이 내가 '나'임을 인식하는 방식은 육체적인 감각과 정신적인 감정, 생각을 통해서 인식한다. 감각을 통해 나의 육체적인 한계를 인식하고 감정과 생각을 통해 정신적인 한계를 인식한다. 보통 나라고 하면 이렇게 인식된 세 가지 요소를 통해 나를 인식한다.

이렇게 인식한 나 외에 또 다른 나도 존재한다. 바로 욕구이다. 욕구는 자아를 인식하는 요소인 감각·감정·생각과는 성질이 좀 다르다. 욕구는 기본적인 생명 에너지에 해당한다. 식욕·성욕·수면욕이라는 세 가지의 본능적인 욕구에서 비롯하는 것이다. 욕구는 살아있는 생명을 존재하게 만드는 생명체의 기본적인 조건이다. 본능적인 욕구를 내재화하는 과정에서 욕망의 모습을 갖는다. 그래서 욕구와 욕망은 한 몸이라고 할 수 있다.

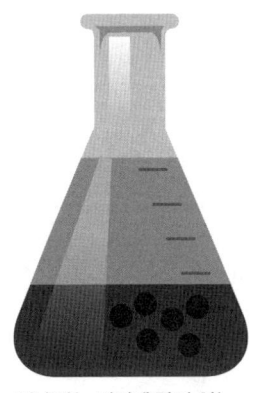

- 그릇: 마음의 기틀, 자아의 한계
- 흙탕물: 욕망의 상태
- 흙 알갱이: 감각·감정·생각
- 물: 욕구

* '나'라는 비커에 담겨 있는
  마음 요소들(감각·감정·생각 + 욕구)

경계

마음에는 한계점이 존재한다. 도저히 받아들일 수 없는 상태가 되는 지점, 즉 마음의 극한점이 존재하는데 이것을 '마음의 한계'이자 '나의 경계'라고 한다. 그리고 경계가 만들어지는 원인을 둘로 나누는데, 도저히 받아들일 수 없는 외부적 상황을 바깥 경계라고 하고, 그 상황을 받아들일 수 없는 나의 마음을 안 경계라고 한다. 즉 외부의 상황과 내면의 마음 상태로 나누는 것이다. 예를 들어, 어떤 친구가 도둑질을 같이 하자고 했을 때, 어떤 사람은 흔쾌히 도둑질을 하자고 할 것이고, 다른 사람은 자기는 무슨 일이 있어도 도둑질을 할 수 없다고 할 것이다. 이렇게 도저히 도둑질할 수 없는 마음이 안 경계에 해당하고, 도둑질이 바깥 경계에 해당한다.

마음의 크기를 결정하는 경계는 사람마다 다르다. 우리가 말하는 소위 타고난 그릇이 존재하는 것이다. 작은 그릇은 안에 담을 수 있는 양도 적고 작은 충격에 쉽게 흔들린다. 반면에 큰 그릇은 안에 담을 수 있는 양도 많고 충격에 쉽게 흔들리지 않는다. 사람들도 마찬가지이다. 작은 그릇의 소인배들은 쉽게 동요한다. 외부의 작은 충격에도 쉽게 반응하게 되고 그 결과 본인 자신도 힘들어진다. 반면 큰 그릇의

대인배들은 작은 충격엔 반응하지 않게 되고, 느낌이 있더라도 쉽게 흡수된다. 외부의 충격을 바깥 경계라고 봤을 때, 마음이 작은 사람은 쉽게 흔들리면서 쉽게 괴로움을 느끼게 되고, 마음이 큰 사람은 잘 흔들리지도 않고 괴로움도 미미하게 느껴지는 것이다. 즉 마음의 크기에 따라 바깥 경계에 대한 안 경계에 차이가 나는 것이다. 작은 종은 세게 때리면 깨지지만, 큰 종은 세게 때리면 웅장한 소리를 낸다. 이렇듯 도저히 어찌할 수 없는 내 마음의 한계를 경계라고 하고 또, 마음 그릇이라고 할 수 있다.

제2장

마음속의 나, 내 안의 마음

'나'를 구성하는 것 _ 마음요소

만약 갓 태어난 아기가 감각을 느끼지 못한다면 어떨까? 볼 수도, 들을 수도, 냄새를 맡을 수도, 맛을 느낄 수도, 촉감을 느낄 수도 없다면 아마도 세상과의 접점을 만들 수 없을 것이다. 배고픔과 같은 욕구는 있겠지만 세상을 느낄 방법이 하나도 없는 것이다. 1차 느낌인 감각이 제대로 형성되지 않기 때문에 2차 느낌인 감정 역시 형성되지 않고, 타인과 교감을 느끼거나 언어를 배울 수 없으므로 생각을 전개해 나갈 수 없을 것이다. 그렇다면 아기는 '나'를 인지할 수 있을까? 이렇게 본다면 진짜 '나'는 실재하는 것인가?

'나'는 육체와 정신으로 이루어져 있다. 우리는 흔히 육체와 정신을 몸과 마음이라고 말하기도 한다. 몸과 마음 또는 육체와 정신, 이 두 가지를 통해서 나는 나 자신과 세상을 인식하고, 다른 사람들도 마찬가지로 자신과 세상을 인식한다. 육체는 감각을 통해 세상과 나를 인지하고 정신은 감정과 생각을 통해 세상에서 나의 존재성을 인식한다. 또한, 이런 육체와 정신을 바탕으로 욕망을 느끼고 실현해 나간다. 이들을 마음의 요소라고 한다.

간단하게 설명하면 아래와 같다.

육체 - 감각

육체는 물질적인 나이며 뼈와 살, 내부 장기와 체액으로 구성된 나로서 감각을 통해 인지할 수 있는 나이다. 우리는 감각을 통해 처음 세상을 인지한다. 그리고 그 인지를 토대로 나의 존재성도 서서히 깨닫게 된다. 이렇게 감각을 통해 세상으로 나아가는 데는 사람들의 다섯 가지 감각기관 - 시각, 청각, 후각, 미각, 촉각 - 이 존재한다. 우리는 감각을 통해 고통과 쾌락 그리고 고통도 아니고 쾌락도 아닌 감각을 느낀다.

정신 - 감정, 생각

정신은 말 그대로 정신적인 나로서 감정과 생각을 통해 나를 인식한다. 앞에서 말한 것처럼 사람은 감각을 통해 세상을 인지하고, 그 인지한 감각을 토대로 다시 나와 세상을 인식한다. 이렇게 인식한 나는 이후에 일어나는 감정과 생각에 따라 일희일비하며 나로서 살아가게 된다.

감정은 대상에 대해 좋음과 싫음, 그리고 좋지도 싫지도 않은 감정이 생기는 것이다. 감각으로 인식한 대상에 대해 좋은 마음이나 싫은 마음, 또 좋지도 싫지도 않은 마음이 생기는 것이다.

생각은 여러 가지가 있지만, 대표적으로 옳음과 그름, 그리고 옳고 그름이 없는 생각이 있다. 감정을 통해 받아들인 좋고 싫음을 토대로 옳고 그름을 만들어 내고, 이것이 자아를 강화한다.

욕구/욕망 – 생존 필수 요소

욕구는 생존과 연결된 에너지의 작용에 해당한다. 기본적인 욕구인 식욕·성욕·수면욕은 인간이 생존하고 인류를 유지해 나가는 데 필요한 필수적인 요소이다. 당연한 얘기지만 기본 욕구는 인간이 언어를 만들어 내기 이전부터 인간에게 존재하고, 모든 살아있는 생물에게 작용하는 생명 활동인 것이다. 그래서 욕구는 나 이전의 존재에 대한 요소이며 에너지의 작용이다. 다시 말하면 생명 그 자체의 존재에 대한 필수적인 요소이다.

식욕·성욕·수면욕이라는 욕구는 육체(감각)와 정신(감정·생각)에 결합하여 '탐진치貪瞋癡'라고 하는 탐욕과 성냄과 어리석음의 생리적인 욕망을 만들어 내고, 자아와 결합하여 명예심·이익심의 사회적인 욕망을 만들어 낸다.

기본적인 삶을 영위하기 위한 욕구 이외의 과잉된 욕망은 본래의 나를 유지해 나가는 것을 방해한다. 탐욕에 찌들어 타인을 괴롭히고, 분노에 휘말려 타인을 상하게 하며, 어리석음에 빠져 타인을 무시한다. 또한, 명예와 이익에 집착하여 자신을 상실하기도 한다.

이렇게 일어난 다섯 가지 욕망은 처음에는 실체로서의 나를 잊게 만들고 욕망으로서의 나만 남게 되어 다른 사람들을 괴롭히고 결국에는 나 자신을 파국으로 이끈다. 다시 말하면 욕구라는 기초 위에 감각, 감정, 생각은 서로에게 영향을 끼쳐 욕망을 만들어 내고, 명예와 이익을 통해 나를 강화하여 다른 사람들과 부딪쳐 나간다. 그 과정에서 자아를 강화하고 정체성을 확립해 나간다. 그렇게 나라고 인식하면서 인식한 나의 경계 속에서 삶을 영위해 나간다.

'나'의 종류

자아

우리가 흔히 말하는 '나'는 마음 요소를 사용하는 존재가 나라고 생각한다. 감각·감정·생각과 욕망을 사용하는 나를 '나'라고 생각하고, 그것이 자아라고 여긴다. 선불교에서는 이런 자아의 개념을 가아라고도 하는데 진아의 상대적인 개념이다. 가아와 진아를 합쳐 유아라고 하며 이에 대한 상대적인 개념으로 무아라고 한다.

유아 有我	가아 假我	자아 自我	육체(몸)	감각	욕망 (본능으로 육체와 정신에 작용)
			정신(마음)	감정	
				생각	
	진아 眞我		나(육체/정신/욕망)을 담는 그릇 그릇=나의 한계점		유심 有心
무아 無我	나라는 마음 그릇이 사라진 것				무심 無心

진아

진아는 깨어 있는 나를 의미한다. 깨어 있다는 것은 욕망으로서의 나, 즉 가아에서 벗어난 나를 의미한다. 가아에서 벗어났다는 것은 나를 객관적으로 볼 수 있다는 것이고, 나를 객관적으로 볼 수 있다는 것은 나의 욕망을 객관적으로 볼 수 있다는 것이며, 나의 욕망을 객관적으로 볼 수 있다는 것은 내 욕망의 한계를 확실하게 알 수 있다는 것이고, 내 욕망의 한계를 확실하게 알 수 있다는 것은 나의 경계인 마음 그릇의 한계를 인지하고 있다는 것을 의미한다. 그래서 식욕·성욕·수면욕의 기본 욕구를 사용하지만, 탐욕, 분노, 어리석음의 욕망에 빠져들지 않는 상태를 의미한다. 이런 상태를 진아라고 한다.

그런데, 선에서는 이런 진아마저도 부정한다. 진아 역시, 인연에 의해 만들어진 것에 불과하다고 보기 때문이다. 나의 경계인 마음 그릇도 인연에 의해 만들어졌기 때문에, 이 마음 그릇도 실상이 아니라고 보는 것이다.

무아

나의 경계 혹은 마음의 한계점인 진아를 가지고 수행을 해야 하는 이유는 무아가 되기 위한 것이다. 경계인 진아를 알아야 경계를 깨트려서 무아를 만들 수 있기 때문이다.

무아란 마음의 한계이자 나의 경계인 마음 그릇이 끝없이 넓어져서 무한해지는 것이기도 하고, 혹은 마음 그릇이 있는 그 자리에서 홀연히 사라지거나 깨트려 지는 것이다. 그러면 결국 마음의 한계인 나의 경계는 사라지게 된다. 나라는 경계가 사라지면 나와 남을 구분 짓는 경계가 사라져서, 존재하지만 존재하지 않는 상태, 곧 삼라만상 그 자체가 되는 것이다.

이때 나의 특성(요소)까지 사라지는 것은 아니다. 불교에서 추구하는 '나'는 그릇이 사라져 무경계 상태의 나인 무아를 의미하고, 무아인 상태에서 사용하는 마음은 사용하고 난 후의 흔적이 남을 '나'가 없으므로 무심이 된다고 보는 것이다. 개체의 특성인 개성은 존재하지만, 자아는 없는 상태를 말한다.

인간이 육체를 가지고 생명을 유지하고 있는 이상, 무아를 넘어서기 힘들다. 육체(감각)와 육체에 의해 존재하는 정신(감정·생각)과 욕망은 오롯이 존재한다. 하지만 경계가 없어진 나는 이러한 특성(요소)에 휘둘려 사는 것이 아니라 특성(요소)을 자유롭게 사용할 수 있다. 이것이 걸림 없이 마음을 쓰는 것이다. 그리고 바로 그 무아마저 넘어서는 것을 유여열반이라고 한다.

유여열반有餘涅槃: 몸은 아직 남아 있는 열반, '무아'를 넘어서 번뇌가 사라진 깨달음의 상태

무여열반無餘涅槃: 번뇌와 함께 몸도 사라져 아무것도 남아 있지 않은 상태, 깨달은 사람의 죽음

마음이 작용하는 법

욕망과 번뇌

개인의 특성은 나의 경계 즉, 마음 그릇에 의해 제한된

다. 다시 말하면, 나의 마음 요소는 나의 경계 안에서 존재할 뿐이다. 이렇게 내 마음 그릇 안에서 인연에 따라 움직이다가 욕구와 상호작용을 하게 되면 욕망이 되고, 욕망의 성취나 실패로 번뇌가 되는 것이다. 번뇌가 되는 이유는 욕망을 이루려는 마음이 제약받기 때문인데, 그 원인은 욕망을 달성하고자 하지만 개인적인 특성 자체의 한계가 있고, 또한 제한적인 사회적 환경이 있기 때문이다.

누구나 욕망을 꿈꾸지만, 그것을 모두 이룰 수는 없다. 그러므로 제약이 있는 욕망을 이루어 나가는 과정은 번뇌라고 할 수 있고, 그 욕망을 다루는 것, 혹은 욕망을 이루는 방식은 인격이라고 할 수 있는 것이다.

마음의 한계는 곧 '나의 경계'를 이루는데, 나를 투명한 비커로 비유할 수 있다고 했다. 비커 안에 마음 요소들이 각기 흙탕물의 작은 흙 알갱이처럼 자리를 차지하고 있고, 욕구는 액체의 형태로 전체적으로 퍼져있다고 보면 된다. 그런데 이러한 나의 경계인 마음의 크기나 재질 또한 사람마다 다 다르다. 그 크기와 재질에 있어서 큰 차이를 보인다. 우리가 보통 속이 좁거나 넓다고 표현하기도 하고 마음이 단단하거나 무르다고 표현하는 것이 바로 이것이다.

마음은 어떻게 작용하는가?

직장에서 점심을 먹기 전에 생겨나는 마음을 살펴보자. 먼저 욕구에서 시작한다. 식욕에 해당하는 배고픔이라는 감각이 일어나면 밥을 먹고 싶다는 (욕구)가 일어나서 뇌에 신호를 보낸다. 이 신호를 받은 사람은 위에서 일어나는 배고픔이라는 (감각)에 대해 불쾌함이라는 (감정)이 일어나고 이 불쾌함을 해결해야겠다(욕망)는 생각이 일어난다. 그리고 어떤 것을 먹을 것인지에 대해 생각하게 되고, 여러 가지 음식 중의 하나를 결정한다(생각). 회사 식당이 있는 경우에는 이런 고민 없이 구내식당으로 가서 해결하면 되지만 그렇지 않은 경우, 같이 식사할 사람들의 눈치를 보고(생각), 오늘 어떤 메뉴를 먹을지 탐색하면서(욕망), 자신이 먹고 싶은 음식으로 유도한다. 자신이 먹고 싶은 음식이 아니면, 재빨리 타협하면서 그 식당에서 내가 먹을만한 음식을 탐색한 후 결정한다. 그렇게 식당에 가서 식사하고 나면 배고픔이라는 불쾌함은 사라지고 포만감이 생긴다. 식욕이 해결되고 나면 한동안 배고픔은 사라지고 새로운 욕구가 일어날 때까지 일상으로 돌아온다.

다시 설명하면 욕구가 일어나면 감각이 인지해서 뇌로 신호를 보내주고, 그 신호를 통해 불쾌함을 느끼는 감정이 생기면 욕망이 일어난다. 그런 감정과 욕망을 해소하기 위해 생각을 만들어 욕구를 해결한다. 욕구를 해결하고 나면, 감각이 충족되고 만족감이라는 감정과 함께 일어난 욕망은 사라진다.

마음 작용의 패턴

이런 마음 작용의 패턴은 사람들이 가지고 있는 일반적인 패턴도 있고, 그 속에는 개인마다 다른 개인 패턴도 있다. 일반적인 마음 작용의 패턴은 인간의 보편적 공통 패턴이라고 할 수 있으며 불교에서는 일반적인 사람들이 가지는 보편적인 마음과 더불어 '중생심衆生心'이라고 불린다. 정리하면 마음의 작용은 공통적인 패턴 속에 개인적인 패턴이 더해진 방식으로 일어난다.

예를 들면, 공통 패턴은 인간이 먹는 음식을 선택하는 방식이라고 할 수 있다. 인간은 인간의 음식을 선택하고 소여물이나 사료를 선택하지 않는 것이라고 할 수 있다. 개인 패턴은 인간의 음식 중에서 개인의 욕망에 맞는 음식을 선택하는 것이라고 할 수 있다.

기본적인 인간 욕구를 해결하려는 방식은 일반적인 공통 패턴(중생심)을 기초로 각 개인의 상황(욕망)에 맞춰 개인 패턴이 더해져서 이뤄진다고 할 수 있다. 이런 마음 작용의 패턴을 불교에서는 '업業'이라고 한다.

자아, 그리고 개성

　나의 경계 안에서 머무는 마음 요소는 나라는 개인의 선천적인 특성을 만들어 내고, 후천적인 환경과 상호작용을 하며 개성을 가진 개별적인 나, 개아를 만들어 간다. 이런 개별적인 내가 욕구와 결합하면서 마음의 작용이 일어난다.

선천적인 특성

　마음의 요소들인 감각·감정·생각과 욕구는 사람마다 모양도 다르고, 크기도 다르고, 색깔도 다르고, 재질도 다르고, 각각의 개수도 다르다. 또한, 이들은 독립적이기도 하고, 합치기도 하며, 방해하기도 하면서 수많은 경우의 수를 낳게 된다. 이처럼 기본적인 마음 요소들이 상호작용을 하는 방식을 성격이라고 하고, 각 개인에 특질화된 것을 개성이라고 한다. 그리고 이런 개인의 특성을 가지고 욕망을 다루는 방식을 인격이라고 할 수 있고, 이런 것들은 선천적인 특성이라고 할 수 있다.

후천적인 환경

　후천적인 환경도 선천적인 특성만큼 한 사람의 삶의 방

향을 결정하는 데 큰 역할을 한다. 선천적인 개인의 특성인 개성은 후천적인 환경을 만나 변화한다. 하지만 이러한 변화는 타고 난 기본 요소들을 바꾸지 못하지만, 선천적인 특성에 기초하고 있다.

사과 씨에서 자라난 사과나무를 예로 들어보겠다. 사과나무라고 하는 개별적인 특성은 변하지 않는다. 사과 씨에서 배나무나 감나무가 자라지 않는 것이다. 그러나 그 사과 씨가 좋은 환경이냐 아니면 나쁜 환경이냐에 따라 전체적인 생육에 영향을 끼치게 되는 것이다.

후천적인 환경은 모양이나 색깔에 영향을 미치기는 하지만 전체적인 특성의 기본 요소를 바꿀 정도로 큰 역할을 하진 않는다. 기본 요소의 형태 변화나 색깔의 변색 정도로 그친다. 오히려 후천적인 환경은 욕망을 다루는 방식인 인격에 더 많은 영향을 미친다

또한, 개인의 특성은 선천적으로 타고난 마음의 기본 요소들의 상호작용과 이런 기본 요소와 후천적인 환경(가정, 국가 등)의 상호작용으로 학습된 것이, 다시 기본 요소 일부로 자리 잡은 것까지를 포함한다.

마음의 깊이

우리가 삶을 살아갈 때, 어디까지를 나라고 할 수 있을까?

보통 사람들은 '나'라는 의식도 없이 삶을 영위해 나간다. 매일 매일 똑같은 일상적인 삶의 패턴을 좇아 살아가게 된다. 아침에 일어나 세수하고 밥을 먹고 출근한다. 온종일 일에 파묻혀 살다가 틈틈이 직장동료와의 대화에서 즐거움을 느끼기도 하며 세상을 비판하기도 하고, 문득 어린 시절의 친구가 그리워 전화 통화를 하기도 한다. 그러다 퇴근 시간이 되면 집에 돌아와 저녁을 먹고 TV나 유튜브를 보거나 가족들과 일상적인 대화를 조금 나누다가 잠이 든다.

분명 하루 종일 살아왔지만, 온종일 무언가를 느끼고 생각하며 살지만, 정작 기억이 나는 것은 몇 개 없다. 해야 할 일과 몇 개의 약속 정도이다. 늘 같은 방식으로 작용하는 감정과 늘 같은 방식으로 일어나는 생각들 속에 하루가 지나간다. 그런 일상적인 삶을 살아가다가, 사람들은 관성적으로 살아가는 자신을 문득문득 느낀다. 관성적인 삶이란, 기차를 한번 타게 되면 내 의지와는 상관없이 목적지까지 가는 것처럼, 내 삶이 내 의지와 상관없이 일정한 방향과 속도로 어딘가로 나아간다는 뜻이다. 이렇듯 관성적인 삶을 산다면 나는 무엇이란 말인가? 그렇다면 내 삶의 방향과 속도는 누가 어떻게 정한 것인가? 운명의 기차에 나 자신을 맡기고 있다는 것인가? 맡겨진 나는 진짜 내가 아니라는 것인가?

이러한 의문에 대한 해답을 찾기 위해 선인들은 '나'를 세 가지로 나눴다. 그것은 현재의식, 잠재의식, 그리고 무의식이다.

현재의식

현재의식은 내가 나라고 생각하면서 살아가는 의식을 의미한다. 감각을 통해 세상을 인지하고 감정을 통해 세상과 교감하며 생각을 통해 세상을 해석한다. 더불어 욕망을 통해 자신을 세상에 실현해 나간다. 느끼면서 생각하고 성취하며 그렇게 존재한다.

보통, 사람들은 자신이 스스로를 통제하고 있다고 생각하며 내가 나의 주재자라고 생각한다. 보고 듣고 맛보고 냄새 맡고 감촉을 느끼는 감각 작용 속에서, 내가 나를 주재하고 존재한다고 느낀다. 개인마다 차이가 존재하는 감각 작용으로 인식하는 세계를 통해 각각의 인간은 자신만의 감정과 생각을 만들어 내고 그것을 통해서 자신의 존재성을 확인한다. 이런 존재성이 확장되고 과장되어 자신을 속이는 상태에 빠지면 내 인생도 내 마음대로 할 수 있고, 현재 내 마음만 바꾸면 언제든지 무엇이든 할 수 있다고 생각하는 것이 현재의식이다.

하지만 사람들은 우리가 하고자 한다고 다 할 수 없다는 것을 누구나 안다. 우리의 의지나 판단과 관계없이 나 자신이 어딘가로 흘러가고 있다는 것을 눈치채고 있다. 현재의 삶에 대한 핑계로 언제나 이상을 꿈꾸지만, 이상이라는 핑계 속에 현재의 나를 속이고 있다. 그렇게 자신의 또 다른 내면은 어디에 숨겨져 있다. 그곳은 어디인가? 그것은 잠재의식이다.

잠재의식

잠재의식은 우리가 잠을 자면서 꿈을 꿀 때 보이는 의식을 의미한다. 꿈을 꾸면 분명히 내가 존재하고 내가 무엇을 하고 있지만, 일반적으로 꿈속의 나는 스스로 제어가 불가능하다. 꿈속에서의 의식은 현재의식에서는 전혀 생각해 보지 않은 세계가 펼쳐진다. 우리가 보통 현재의식에서 보고 듣는 감각과 느끼는 감정, 그리고 일어나는 생각과 일으킨 생각들이 차곡차곡 잠재의식에 쌓이게 된다. 불특정한 방식으로 저장되어 불특정한 방식으로 기억에서 추출된다.

우리는 전혀 생각하지 않은 방식으로 기억을 떠올릴 때가 있다. 지나가다가 식당에서 새어 나오는 냄새에 어린 시절 먹었던 음식을 떠올리기도 하고, 길거리에서 흘러나오는 노래에 첫사랑이 생각나기도 하며, 헤어진 연인과 비슷한 사람이 지나갈 땐 가슴이 덜컹 내려앉기도 한다. 기억들이 내가 알지 못하는 방식으로 저장되어, 알지 못하는 방식으로 튀어나온다. 이렇게 태어나면서부터 지금까지 만들어 온 의식의 저장소가 바로 잠재의식이다.

무의식

이런 잠재의식의 세계를 지나, 의식의 깊은 곳으로 가면 무의식이 자리 잡고 있다. 무의식은 잠을 잘 때 꿈조차 꾸지 않는 상태에서 존재하는 의식을 말한다. 우리가 깊은 숙면에 들어 현재의식과 잠재의식이 꺼져있는 상태에서 무의식은 숨을 쉬게 하고 손톱을 자라게 하고 머리카락을 자라게 하는 의식이다. 그 누구도 심장을 의식으로 멈출 수 없고 손톱을 의식으로 자라게 하지 못한다. 만약 의식적으로 이러한 작용을 하게 한다면, 사람은 여기에만 신경을 쓰다가 아무것도 할 수 없을 것이다. 그래서 무의식에는 인간의 기본적인 생명 유지 의식이 존재하는 것이다.

잠재의식인 꿈속에서는 최소한의 꿈을 꾸는 자가 존재하지만, 꿈도 없는 무의식에서는 아무것도 존재하지 않는다. 여기에는 '나'가 존재하는 근본적인 의식이 있다. 타고난 신체와 의식구조를 만들어 주는 토양이 여기에 있다. 어디에

서 왔는지는 모르지만, 현재 나라고 생각하는 나의 기본적
인 토대가 여기에 저장되어 있다.

제3장

마음엔 어떤 것들이 있는가?

욕구

욕구는 기본적인 생명 활동을 위한 것으로, 사람은 인간이라는 종으로 생존하고 번식하기 위해서 에너지의 작용이 필요한데, 여기에 해당하는 것이 욕구이다. 또한, 욕구는 인간이 인식하기 이전인 무의식 영역에서 작동한다.

사람뿐만 아니라 존재하는 모든 생물도 욕구가 있다. 동물뿐만 아니라 식물도 욕구가 있는 것이다. 식물의 경우, 욕구에 대한 인식이 없을 뿐, 이들 역시 동물과 다를 바 없다. 식물도 에너지를 흡수해야만 생명을 유지하는 것이 가능하므로 생명 활동으로서 욕구의 작용은 있는 것이다. 동물의 경우, 먹어야 살 수 있고, 번식해야 종을 이어갈 수 있으며, 잠을 자야 휴식을 취할 수 있다. 인간도 이런 동물의 범주에서 벗어나지 않는다. 이렇게 먹고 번식하고 휴식하는 기본 욕구를 식욕, 성욕, 수면욕이라고 하고, 이것은 각각 생존 욕구, 존재 욕구, 자존 욕구에 해당한다.

식욕은 배고픔을 느껴서 음식을 먹고 싶어 하는 바람으로, 인간이라는 생명을 유지하기 위한 가장 기본적인 생존 욕구이다. 세상의 어떤 생물도 에너지를 섭취하지 않으면 살 수 없다. 식물의 경우 땅, 물, 햇빛을 통해 에너지를 얻지만, 동물의 경우는 식물이나 다른 동물의 살을 섭취해서 에너지를 얻고 생존해 나간다. 먹고 소화하고 흡수하고 배설하는 행위에서 에너지를 몸에 축적하여 생명 활동이 이어질 수 있도록 돕는다.

성욕은 성행위에 대한 갈망으로, 인간이 세대를 이어갈 수 있게 하는 존재 욕구이다. 자신은 죽음을 통해 사라지지만, 자신의 분신을 만들어서 인간이라는 종을 유지하고 자신의 존재성을 이어 나가기 위한 욕구이다. 성행위는 자손을 낳기 위한 행위이며 성욕에서 비롯된다. 그런데 일반적으로 동물의 경우 발정기가 존재한다. 발정기는 지역의 기후와 밀접하게 연결되어 있다. 새끼를 포육하는 기간이 길면 길수록 더욱 그렇다. 그 기간 새끼의 생존율을 높이는 방향으로 발정기가 정해진다. 하지만 인간이 사회를 이루고 문명이 발달하게 되면서, 인간에게는 특별한 발정기가 사라졌고, 더 나아가 성행위를 단순히 쾌락을 위한 행위로 사용한다.

수면욕은 잠을 자려고 하는 욕구로서, 개인의 연속성을 위한 자존 욕구이다. 잠은 모든 동물이 자신을 충전하는 시간이다. 보통 사람들은 하루 종일 자신을 사용하여 생활한다. 잠은 이런 삶에 휴식을 통해 육체와 정신에 새로운 에너지를 분배하고 충전되는 것을 돕는다. 다시 말해서 잠은 육체와 정신이 쉬는 동안 자신의 에너지를 재분배하여 다시 하루를 살아가도록 돕는다. 나아가 인간의 경우, '어제의 나'

를 '오늘의 나'로 이어주는 역할을 하는 것이다. 이 과정에서 육체는 휴식을 취하고, 의식 일부분에 공간을 만들어 주지만 다른 일부분은 자신을 확립하는 데 쓰인다. 잠재의식 속에 자아를 확립해 나가는 것이다.

이런 욕구가 감각, 감정, 생각과 결합하면 생리적인 욕망이 일어나고, 욕구가 자아와 만나면 사회적인 욕망이 일어나는 것이다.

이렇게 사람에게 만들어지는 욕망을 다섯 가지로 분류하는데, 이것을 오욕이라고 한다. 다섯 가지 욕망은 탐욕(탐심)·진에(분노)·우치(어리석음)·이익심·명예심 등이다. 이 중 앞의 세 가지는 생리적인 욕구에서 비롯한 욕망이며, 뒤의 두 가지는 사회적인 욕망이다.

오욕五慾 5개 욕망	삼독심 三毒心 생리적 욕망	탐욕貪慾: 탐심	식욕食欲	기본 욕구 (생리적 욕구)
		진에瞋恚: 분노	성욕性欲	
		우치愚痴: 어리석음	수면욕睡眠欲	
	사회적 욕망	이익심利益心		
		명예심名譽心		

욕망_ 괴로움의 근원

순수한 에너지의 작용인 욕구가 자아를 만나서 집착이 생기면 욕망으로 변하게 된다. 욕망은 일종의 변질된 에너지인 것이다. 욕망은 크게 탐욕, 분노, 어리석음이라는 생리적인 욕망과 이익심, 명예심이라는 사회적인 욕망으로 나뉜다. 생리적 욕망은 인간의 본성과 맞닿아 있고, 사회적 욕망은 사회적 자아와 맞닿아 있다.

생리적 욕망

생리적 욕망에 해당하는 세 가지 욕망을 불교에서는 '삼독심三毒心'이라고 하며 탐貪·진瞋·치痴라고 하여 괴로움의 원인으로 본다. 탐심은 탐욕이고, 진심은 분노이며, 치심은 어리석음(무지)이다. 탐심은 식욕과 맞닿아 있고, 진심은 성욕과 맞닿아 있고, 치심은 수면욕과 맞닿아 있다.

탐심은 탐욕을 말하며 식욕에서 비롯되었다. 탐욕은 자신에게 필요한 것 이상을 욕심내는 것을 말한다. 배고픔은 식욕에서 시작하는 생체신호이며 생존과 직결된다. 음식을 섭취하지 않고 살 수 있는 생물은 없다. 하지만 불행하게도 음식을 소화할 수 있는 위장은 한정된다. 아무리 밥을 많이 먹더라도 하루가 지나면 배가 고파진다. 그런데, 원시 수렵사회에서 식량을 비축하기는 쉽지 않았다. 사회가 발전하고 음식을 비축하는 기술이 발달하게 되면서, 식량의 저장·보관이 가능해져서 한 끼 식사 이상의 식량에 욕심을 부리는 것이 가능해졌다. 이렇게 필요 이상의 음식을 탐하는 욕심을 탐욕이라고 한다. 한편, 사회가 발전하면서 식량에 대한 욕심을 넘어 식량을 살 수 있는 재화에 대한 탐욕으로 발전하게 된다.

진심은 분노를 말하며 성욕에서 비롯되었다. 성행위는 자손을 낳기 위한 행위이지만, 쾌락을 동반한다. 문명의 발달로 인간에게는 특별한 발정기가 사라지고, 성행위는 단순히 쾌락을 위한 행위가 되었다. 이런 쾌락이 원하는 대로 이루어지지 않을 때 사람들은 분노하게 된다. 이것을 진심이라고 한다.

분노는 사람을 무분별하게 만든다. 감정에 휘둘려 이성적인 사고를 방해한다. 분노가 일어나면 마음의 진폭이 커져서 마음의 공간은 분노로 가득 찬다. 그러다가 분노가 가라앉으면 마음에 비어 있는 공간이 생기게 되고, 그 공간만큼 공허함이 자리 잡는다. 그러면 보통의 사람들은 공허함을 채우기 위해 비어 있는 공간을 또 다른 쾌락으로 채우려고 한다. 많은 경우가 바로 술을 마시는 것이다. 그래서 성욕과 분노와 술은 떨어지려야 떨어질 수 없는 관계를 맺는다.

치심은 어리석음을 말하며 수면욕에서 비롯되었다. 잠은

의식을 쉬게 하고 몸을 쉬게 하여 어제의 나를 오늘의 나로 이어주는 역할을 한다. 그 과정에서 잠재의식 속에 있는 자아를 확립해 나간다. 이렇게 자아가 강해지는 것을 불교에서는 어리석음 또는 무지한 상태라고 한다. 인간은 누구나 자아가 있다. 자신도 잘 알지 못하는 자아에 갇혀 자신이 옳다고 주장하고 나아가 고집한다. 현명한 사람은 자기 생각이나 주장에 대해 언제든 변할 수 있는 것으로 생각하므로, 타협하며 고집하지 않는다. 하지만 어리석은 사람일수록 자신의 세계에 갇혀 자신만 옳고 정의롭다고 생각하며 고집을 부리고 타협하려 하지 않는다. 이런 자아에 대한 집착은 자신은 영원하여 소멸하지 않을 것 같은 착각에 빠지게 만드는데 이것을 어리석음인 치심이라고 한다.

사회적 욕망

이에 더하여 사회적인 욕망인 이익심과 명예심이 있다. 이 둘은 유일하게 인간만이 가지고 있는 욕망이다. 사회를 이루고 살아가는 동물 중에서 인간만이 갖는 특성이다. 앞의 생리적 욕망은 개체로서의 개인이 갖는 욕망이지만, 사회적 욕망은 사람과 사람 사이의 관계에서 발생하는 욕망을 말한다.

이익심은 재물욕이 아니다. 어떤 사람은 이익심은 재물을 탐하는 마음이라고 했는데, 재물욕은 생리적 욕망인 탐욕과 관계가 있다. 탐욕의 연장선을 재물욕이라고 할 수 있다. 이에 반해 이익심은 세상의 관계를 손해와 이익으로 보고, 관계에서 손해를 보지 않고 이익을 보려는 마음이다. 여기에서 손해와 이익은 오직 물질만이 아니라 정신적인 관계도 포함한다.

어린 시절의 친구들과 더 허물없이 친한 이유는 무엇일까? 대부분의 관계에서 보면 고등학교 시절까지의 친구들과 친한 경우가 더 많다. 물론 때에 따라서는 대학교 때 친구들과도 허물없이 지내기도 하지만, 사회에 나와서 만나는 사람들과는 어린 시절의 친구들과는 달리 미묘한 벽이 존재한다. 그 이유는 어린 시절의 친구들과는 손해와 이익에 대한 마음이 없이 만들어진 친구이기 때문이다. 같은 동네, 같은 학교라는 이유로 특별한 계산 없이 마음이 맞아 친구가 되는 것이다. 이에 반해, 사회에서 만나는 사람들은 이렇게 만나기가 쉽지 않다. 사회라고 하는 곳은 내 약점은 감추고 강점을 강조해서 자신의 이익을 최대한으로 만들려고 하는 경쟁 사회이기 때문이다. 그런 사회에서 마음이 맞는다는 이유로 사람들과 친해지기는 쉽지 않다. 이처럼 이익심은 관계에 있어서 물질적으로나 정신적으로 손해는 보지 않고 이익을 챙기려는 마음이다.

명예심은 다른 사람과 비교해서 자신이 우월하다고 생각

하는 마음이고, 동시에 그 마음을 실현하고 싶은 마음이다. 즉, 타인에게 자신의 우월성을 과시하고 싶은 상대적인 인정욕구이다. 명예심은 권력욕과는 조금 다르다. 권력욕은 권력을 통해 사람을 마음대로 부리고 싶은 마음으로 명예심에서 파생한 마음이다. 또한, 명예심은 수면욕과 연결된 어리석은 마음인 치심과도 다르다. 치심은 자신의 존재가 영원하리라 생각하는 것이고, 명예심은 자신의 존재가 남들 보다 잘났다고 생각하는 것이다.

명예심은 내가 다른 사람 보다 잘났다고 생각해서 하는 모든 행위도 포함한다. 어떤 경우, 사람들은 명예를 위해 죽음도 기꺼이 받아들인다. 자신의 명예가 더럽혀졌다고 수치스럽게 생각하고 자결하기도 하는 것이다.

욕망은 인간에게 필수적인 요소이다. 욕망이 없는 사람은 없고 분별이 없는 사람도 없다. 욕망 그 자체에는 선악이 존재하지 않는다. 하지만 과도한 욕망은 인간의 이성을 마비시킨다. 정상적인 감정과 옳은 사고는 마비되고 욕망에 사로잡혀 자신을 잃게 된다. 욕망을 사용하는 것이 아니라 욕망에 지배되는 것이다. 이렇게 되면 사실상 인간과 동물의 차이가 사라지게 된다. 감각적인 욕망에 사로잡혀 자신이 무슨 짓을 하는지도 모르면서 살아가게 된다. 그러므로 현명한 사람은 욕망의 불꽃을 지켜보면서 이용하기는 해도 그

불 속에 뛰어들지 않는다.

※ 욕欲과 욕慾의 차이

욕구는 한자로 欲求가 맞고, 욕망은 한자로 慾望이다. 두 글자 모
두 욕이라는 글자를 사용하지만, 한자는 서로 다르다. 차이는 마
음 심心이 있는가 없는가 하는 것이다. 욕구의 욕은 마음이 관여
하기 전이고, 욕망의 욕은 마음이 관여한 상태를 의미한다. 다르
게 말하면, 욕구는 순수한 에너지의 상태를 의미하고, 욕망은 그
에너지를 채우려는 욕심이 들어있는 상태라고 할 수 있다.

감각

욕망은 감각, 감정, 생각이 일어나서 내면의 욕구와 결합
할 때 일어난다. 그래서 욕망이 일어나는 과정을 알기 위해
서는 제일 먼저 세상과 나를 연결하는 통로인 감각을 알아
야 한다. 세상의 정보는 감각을 통해 고통, 쾌락, 그리고 고
통도 쾌락도 아닌 상태로 나에게 들어온다. 그렇게 감각을
통해 들어온 정보는 좋음, 싫음, 그리고 좋지도 싫지도 않은
상태의 감정을 만들기도 하고, 옳음, 그름, 옳지도 그르지도

않은 상태의 생각을 만들기도 한다.

감각은 이처럼 세상과 나를 직접 연결하고 세상에 내가 존재하도록 한다. 또한, 육체적인 감각은 정신적인 감정과 생각을 만들어 낸다. 이렇게 만들어진 마음의 세 가지 요소는 자아를 만들고, 욕구와 결합하여 다양한 욕망을 통한 삶의 형태를 만들어 간다.

다섯 가지 감각기관 – 눈, 귀, 코, 혀, 몸·피부

내가 세상을 만나기 위해서 제일 먼저 필요한 것은 감각이다. 다섯 가지 감각기관 – 눈·귀·코·혀·몸(피부) – 은 인간을 세상과 만나게 해준다. 이렇게 다섯 가지 감각기관을 오감이라고 하며 한자로는 안眼·이耳·비鼻·설舌·신身이라고 한다.

이 감각기관은 각각의 대상이 존재한다. 즉 각각의 역할이 존재한다. 눈은 빛을 통해 사물을 보고, 귀는 음파를 통해 소리를 듣고, 코는 미립자를 통해 냄새를 맡고, 혀는 입자를 통해 맛을 보고, 몸(피부)은 감촉을 통해 촉감을 느낀다.

눈을 통해서는 사물의 모양, 크기, 색깔을 보고, 귀를 통해서는 강약과 고저장단의 소리를 들으며, 코를 통해서는 향기와 악취의 냄새를 맡으며, 혀를 통해서는 다양한 맛을 보고, 피부를 통해서는 접촉, 아픔, 냉온의 촉감을 느낀다.

이런 사물(빛), 소리, 냄새, 맛, 촉감을 감각기관의 대상이라고 한다. 감각기관과 대상을, 짝을 지어서 열거하면 눈 – 사물(빛), 귀 – 소리, 코 – 냄새, 혀 – 맛, 몸(피부) – 촉감이다.

이렇게 감각기관이 감각 대상을 만나는 순간, 뇌에서는 인지 작용이 일어나 인식하게 된다. 이런 인식을 눈의 인식, 귀의 인식, 코의 인식, 혀의 인식, 몸의 인식이라고 한다. 인식이란 감각기관이 대상을 접촉할 때 일어나는 뇌의 작용이라고 볼 수 있다. 이것을 안식, 이식, 비식, 설식, 신식이라고 한다. 이 다섯 가지 의식은 순수하게 감각기관을 통해서 일어나는 인식으로, 우리가 의식을 만들기 전에 존재하는 인식이라는 의미로 불교에서는 전오식前五識이라고 한다.

여기서 우리가 주의해야 할 점이 있다. 보통의 경우 감각기관이 모든 대상을 다 인식하지는 않는다는 것이다. 우리가 눈으로 사물을 보지만 우리가 주의를 기울이는 부분만 인식된다. 소리는 낮에는 인식되지 않았던 것들이 밤에는 선명하게 들리기도 한다. 냄새의 경우는 냄새를 맡고 조금 지나면 냄새를 계속해서 인지하지 못한다. 맛은 사람마다 느끼는 정도가 다르고 컨디션에 따라 맛을 인지하지 못할 때도 있다. 촉감은 앉아있는 엉덩이의 감촉을 인식한 순간 인지하게 된다. 이렇게 감각기관은 항상 존재하고 접촉하고 있음에도 우리가 인식하지 않으면 알지 못하는 경우가 많다.

여섯 번째 감각기관 - 뇌

전오식이라고 하는 다섯 가지의 인식 방법 외에, 한 가지 더 인식이 일어나는 방식이 있는데, 이것을 여섯 번째 인식 방법, 즉 육식六識이라고 한다. 감각기관을 뇌로 보고, 감각 대상을 생각(심리작용)으로 보는 것이다. 다른 감각기관은 보거나 듣거나 냄새 맡거나 맛보거나 감촉을 느끼거나 하는 직접적인 감각 작용이 일어나지만, 이 여섯 번째 감각기관은 조금 다르다.

뇌에서 생각이 일어나면, 그것을 뇌가 느껴 인식한다고 보는 것이다. 즉, 한 생각이 일어나면 그것을 인지하여 인식하는 것이다. 이렇게 뇌에서 일어난 생각을 감각 대상인 법法이라고 보고 감각하는 뇌를 감각기관인 의意라고 보는 것이다. 그렇게 의에서 만들어진 인식을 의식이라고 하고, 여섯 번째 만들어졌다고 육식이라고도 한다. 여기에서 일어난 생각은 전오식과 육식에서 만들어진 모든 의식을 말한다. 즉, 다섯 가지 감각기관에서 일어난 의식과 뇌 자체에서 발생하는 의식을 모두 포함하는 것이다.

쉽게 설명하자면, 꼬리에 꼬리를 무는 생각과 같이 생각에 따라 인식이 일어나는 경우를 말한다. 사람들은 의식적이든 무의식적이든 늘 생각하면서 살아간다. 이렇게 생각을 일으키는 것이 꼭 감각기관에 의해서 일어나는 것은 아니다. 앞생각을 통해 뒷생각이 만들어지며, 한 가지 생각이 다른 생각을 낳아 처음 했던 생각과는 전혀 다른 생각을 하는 자신을 발견하기도 한다. 이렇게 연속되는 생각의 작용뿐만 아니라 기억하고 분석하고 추론하는 모든 인식 작용을 육식이라고 말하는 것이다.

근根	감각기관	경境	감각대상	식識	의식
안眼	눈	색色	빛	안식眼識	눈의 인식
이耳	귀	성聲	소리	이식耳識	귀의 인식
비鼻	코	향香	냄새	비식鼻識	코의 인식
설舌	혀	미味	맛	설식舌識	혀의 인식
신身	몸	촉觸	감촉	신식身識	몸의 인식
의意	뇌	법法	생각 (심리작용)	의식意識	뇌의 인식

감정

느낌이라는 단어의 의미는 어떤 상황에 대하여 신체적 혹은 정신적으로 깨달아 아는 것을 의미한다. 여기에서 신체적인 느낌은 감각이고 정신적인 느낌은 감정이다. 사전적인 의미로는 감정이란 사람이 오감이 아닌 다른 방식으로 느끼는 것이라고 정의한다.

감정의 특성

　기본적으로 감정은 원초적 감정과 사회적 감정으로 나눌 수 있다. 원초적 감정은 말 그대로 직관적인 감정을 의미한다. 있는 그대로 느끼는 감정 – 기쁨, 분노, 슬픔, 즐거움, 공포 등 – 을 의미한다. 이에 반해 사회적인 감정은 사회 구성원으로 느끼는 감정을 의미한다. 예를 들면 부끄러움과 같은 사회윤리에 기반하는 감정을 말한다. 하지만 감정은 인간만이 갖는 독특한 속성은 아니다.

　동물들의 경우는 어떨까? 감정이 있긴 하지만 사람보다는 제한된 감정을 가진다. 이는 척박한 자연환경의 생존 경쟁에서 살아남아야 하기 때문이다. 동료나 자식, 부모를 포식자에게 잃었을 때나 사고를 당했을 때 슬픔에 빠질 여유가 없다. 자신의 생존을 위해서, 또는 종의 유지를 위해 빠르게 감정에서 벗어나 살길을 찾아야 한다. 그래서 동물들은 원초적 감정과 사회적인 유대감에 기초한 감정은 존재하겠지만 사회적 윤리에 따른 사회적 감정을 가질 시간이 허용되지 않는다. 감정이 인간만이 가진 고유의 속성은 아니지만, 다양한 감정은 인간이 가진 독특한 형질인 것이다.

　그러면, 로봇이나 안드로이드에게 감정이 생길 수 있을까? 로봇은 육체적, 감정적 괴로움이 존재할 수가 없다. 느낌을 받을 수 있는 감각이 존재하지 않고 감각에 의한 고통이나 쾌락이 존재하지 않는다. 아무리 인간과 똑같이 만들더라도 논리적인 사고는 할 수 있을지 몰라도 감각에 의한 느낌이 존재하지 않기 때문에 감정을 가질 수는 없다는 것이다. 미래에 초과학으로 프로그램이 된 로봇이 감각을 흉내 내어 감정과 유사한 모습을 보일 수는 있겠지만 다섯 가지 감각에서 비롯된, 또한 다섯 가지 욕망을 토대로 하는 감정을 가질 수는 없을 것이다. 물론 먼 미래엔 이런 것도 초월한 로봇이나 안드로이드가 나타날 수 있을 것이다. 하지만 그렇게 된다 해도 그것을 생명이 깃든 존재라고 할 수 없지 않을까?

감정의 분류

동양, 특히 동부 아시아권에서는 감정을 크게 일곱 가지로 분류했다.

기본적으로는 희로애락애오욕喜怒哀樂愛惡欲이라고 하고 불교에서는 희노우구애증욕喜怒憂懼愛憎欲이라고 하는데 마지막의 욕欲을 욕辱으로 바꿔서 희노우구애증욕喜怒憂懼愛憎辱로 하는 것이 더 자연스러운 것 같다. 여기에서 욕欲은 바라는 마음, 즉 욕구欲求를 의미하기 때문에 감정의 하나로 다루기는 좀 무리가 있어 보인다. (더구나 이 내용은 욕구 편에서 다뤘기 때문에 여기에서는 넘어가기로 한다)

단지 욕구는 감정을 어떻게 수용하는지의 근거가 된다는 것을 알고 넘어가면 된다. 다시 말해, 욕구는 감정을 수용하는 방식 - 좋음, 싫음, 혹은 좋지도 싫지도 않음 - 에 영향을 미친다. 개인의 개별적인 욕구의 정도에 맞춰 감정을 받아들이는 방식이 달라진다는 뜻이다.

사실 우리가 사용하는 감정을 표현한 형용사는 아래에서 설명하는 것 외에도 꽤 많다. 그래서 감정의 세세한 부분은 심리학에 맡기기로 하고, 여기에서는 기본적인 감정 중심으로 설명하려고 한다.

- 희喜: 기쁨 - 정신적인 욕구가 실현됐을 때 느끼는 감정
- 노怒: 분노, 성냄 - 자신의 욕구가 이뤄질 수 없을 때 느끼는 감정
- 애哀: 슬픔 - 욕구, 소유, 관계의 좌절에 의한 상실에서 생기는 감정
- 락樂: 즐거움 - 육체적인 행위로 욕구가 실현됐을 때 느끼는 감정
- 애愛: 사랑 - 대상을 정신적 혹은 육체적으로 소유하고 싶은 감정
- 오惡, 증憎: 미움 - 대상을 정신적, 육체적으로 소유하고 싶은 마음이 좌절됐을 때 느끼는 감정으로 직관적이며 주관적인, 싫음과 다르다.

- 우憂: 우울, 불안 – 과거의 실패한 욕구로 인한 좌절로 만들어지는 감정, 또는 이런 좌절감이 유지되는 상태
- 구懼: 걱정, 두려움 – 미래에 이루어질 욕구와 존재성에 대한 불확실에서 만들어지는 감정
- 욕辱: 부끄러움 – 숨기고 싶은 감정이나 욕구, 그리고 생각을 들켰을 때 느끼는 감정 혹은 자신만의 또는 사회적인, 도덕률을 어겼을 때 느끼는 사회적인 감정

이 외에도 감정의 종류는 많이 있다. 하지만 대부분은 위에서 설명한 기본적인 감정에서 파생한 감정이다. 여기에 대해서는 심리학에서 분류하고 세분하여 잘 다루고 있다.

감정의 속성

감정 그 자체는 좋거나 나쁘다고 할 수 없으며 사람의 삶을 풍요롭게 하며 인간관계를 더욱 친밀하게 만들어 주기도 한다. 인간이 인간답게 살아가는 데 필수적인 요소이다. 이런 감정에는 다음과 같은 특성이 존재한다.

감정의 특성

첫 번째, 감정을 느끼는 방식은 사람마다 다르다는 것이다. 주관적이고 직관적이다. 그래서 사람마다 감정을 느끼는 기준도 다르고 방식도 다르고 감정의 크기도 다른데, 이런 점은 사람과 사람 사이의 관계에서 서로를 이해하는데 틀어짐이 발생하며 수많은 오해를 일으키게 한다. 또한, 이런 차이는 자기 자신을 오해하게 만들어 스스로 이해하는데 어려움이 생기게 한다.

사람마다 타고 태어난 그릇과 환경이 다르다. 이런 차이가 사람마다 다른 감정의 역치(어떤 반응을 일으키기 위한 최소 자극의 세기)를 만든다. 이런 차이는 감정을 주관적이고 개별적으로 만든다. 개별적인 감정이 개체적인 욕구를 만나서 자기만의 욕망을 만들기 때문에 사람사이의 관계에 수많은 오해를 낳는다.

두 번째, 감정은 자기 생각이나 의지에 반하는 경우가 많다. 감정은 사람들이 가진 생각이나 의지 이전의 마음이다. 사랑에 빠지는 것을 멈출 수 없고, 슬픔에서 벗어나려면 시간이 필요하다. 자기 생각으로 감정을 멈출 수 없는 것이다. 우리가 소위 말하는 트라우마나 공포증 혹은 강박증을 생각해 보면 쉽게 이해할 수 있다.

세 번째, 감정의 사용은 많은 에너지가 있어야 한다. 예를 들면 가수의 경우 무대에서 노래를 부를 때면 자신의 감성 에너지를 외부로 분출시켜야 하고 그 에너지가 대중들에게 공명을 일으켰을 때 청중은 감동한다. 그저 음률과 음정을 맞춘다고 해서 청중들이 감동하지는 않는 것이다. 하지만 불행하게도 사람들은 자신의 에너지를 영원히 유지할 수는 없다. 그 말은 감성을 계속해서 유지하기가 쉽지 않다는 의미이다. 그래서 가수들의 전성기가 대부분 에너지를 많이 가진 젊은 시절인 이유이다. 개중에는 나이를 먹어서 잘 일어나지 않는 감성을 억지로 짜내려다가 건강이 상하기도 하고 스스로 자괴감이 들기도 하며, 그러다 결국 알코올이나 약물에 의지해서 감성을 유지하려고 노력하다가 망가지기도 하는 것이다.

네 번째, 결국 감정은 영원하지 않다. 영원하지 않을 뿐만 아니라 오래 지속되지도 않는다. 감정은 인연에 의해서 일어나고 사라진다. 이렇게 일어났다가 사라지는 감정이 왜 영원하지 않은지 고민하는 것은 정말 쓸데없는 일이다. 감정의 속성은 이런 것이고, 만약 감정이 사라지지 않는다면 인간은 수많은 감정에 휩싸여 아무것도 할 수 없을 것이다. 예를 들면, 사랑할 때 사람들은 세상에서 당사자들의 사랑만이 지고지순하며 영원할 것 같다. 하지만 누구나 알고 있는 것처럼 사랑은 영원하지 않다. 대부분은 서로의 육체와 감정에 매달리다가, 육체의 매력이 사라져서 감정이 더는 나오지 않을 때 사랑도 같이 끝난다.

감정과 자아의 관계

그럼 이렇게 주관적이고 직관적이며, 많은 에너지를 소모하고, 자기 생각이나 의지로 쉽게 조절할 수도 없으며, 영원하지도 않은 이런 감정은 어떻게 발생하는가? 그것은 감각에 기반해서 만들어지지만, 욕구에 의지하여 나타난다. 자신의 욕구에 맞으면 좋다고 느끼고, 욕구에 맞지 않으면 싫다고 느끼며, 욕구에 걸리지 않으면 좋지도 싫지도 않다고 느낀다.

이 세 가지 감정의 수용 방식 즉, 좋음, 싫음, 좋지도 싫지도 않음은 자기 생각에 영향을 끼치게 된다. 감정의 좋음은 생각의 옳음으로, 감정의 싫음은 생각의 그름으로, 감정의 좋지도 싫지도 않음은 생각의 옳지도 그르지도 않음으로 영향을 끼친다. 이렇게 주관적인 감정에 기초해서 만들어지는 옳고 그름의 문제는 지극히 주관적임에도 사람들은 자기 생각이 객관성을 가지고 있다고 착각한다. 주관적 감각과 더불어 주관적 감정에 기초하여 만들어진 주관적인 생각들은 자아를 형성하게 된다.

이렇게 만들어진 자아는 다시 좋음과 싫음을 기초로 해서 사랑과 미움의 감정을 만들어 내고, 이 애증에 의해서 사람들은 집착하고 괴로워하게 된다. 애증은 인간사의 영원한 숙제이기도 하다.

생각- 나를 존재하게 하는 것

사람은 의식적으로든 무의식적으로든 생각을 한다. 우리가 잠을 자고 있을 때도 생각은 쉬질 않는다. 일상의 현재의식이 휴식에 들어가는, 잠을 자는 상태의 잠재의식에서도 무언가 계속해서 생각한다. 우리가 잠을 잘 때 꿈을 꾸는 것으로, 혹은 잠을 자고 일어나면 어젯밤 고민하던 일의 해결 방법이 생긴다거나 하는 것으로, 간접적이나마 우리는 늘 생각하고 있다는 것을 알 수 있다.

생각의 정의

생각은 이미지와 언어를 포함한 정보에 대한 뇌의 활동이라고 할 수 있다. 세상에 대한 정보가 다섯 가지 감각을 통해서 들어오면 그 감각은 그 자체로 기억되고, 그렇게 기억되는 감각을 토대로 느껴지는 감정들이 생겨난다. 뇌에 들어온 감각 정보와 감정 정보들의 일부는 그 자체로 기억 속에 저장되고, 일부는 개념화를 통해서 언어로 정의하고, 그렇게 정의한 언어를 기억한다.

자세히 말하면 시각을 통한 이미지, 청각을 통한 소리, 후각을 통한 냄새, 미각을 통한 맛, 촉각을 통한 촉감 등을 그자체로 기억한다. 또한, 인간이 가지고 있는 여러 감정 – 기쁨, 분노, 슬픔, 즐거움, 미움, 사랑, 우울, 걱정 등 - 들도 마음속에서 일어나는 그 자체로 기억한다. 이러한 개개인이 가지고 있는 감각과 감정의 동질적인 부분을 공통적인 표현으로 규정하게 된다. 이렇게 규정하는 과정을 개념화라고할 수 있으며 개념화를 통해 공통의 약속인 언어로 표현된다.

발성 기관에서 생기는 특정한 소리에 대해 집단 전체가 공통으로 동의하는 형태로 만들어지는 것이 언어이다. 이 과정이 반복되는 가운데 언어는 확장된다. 이렇게 확장되어 가는 언어에 의해 추상적인 개념들이 생겨나고 다시 언어로 정의할 수 있게 되어, 추상적인 언어들에 의해 논리적인 생각이 가능하게 된다.

논리적인 생각과 추상적인 관념의 정의로 인해, 인간은 다른 동물들과는 다르게 현재뿐만 아니라 과거와 미래에 대해 인식하게 되었고, 이런 인식은 사회를 발전시켰다. 과거와 미래에 대한 의식은 확장되어 삶과 죽음에 대한 의문이

발생하고, 다시 종교와 철학으로 발전되고, 과학적인 사고
방식은 인류문명의 발전을 이루었다.

생각의 한계

인간 사회를 발전시켜 온 사고체계(생각)의 발달은 필연
적으로 다음과 같은 한계를 가지게 된다.

첫째, 생각으로 인간의 마음을 완전히 표현할 수 없다.
사람은 언어를 통해 생각한다. 하지만 언어가 우리 내면
에서 일어나는 마음의 현상을 완전히 대변할 수 없다. 이 말
은 우리의 생각이 우리의 마음을 완전히 표현할 수 없다는
뜻이다.

언어란 그 사회에 통용되는 개념들을 정리하여 표현한
것으로, 지역과 언어에 따라 의미하는 단어의 뜻이 미묘한
차이를 보이기도 하고, 과거에 사용한 단어의 의미가 현재
엔 다른 의미로 쓰이기도 한다. 한 나라의 언어를 다른 나라
의 언어로 번역하는 과정에서 보면 그대로 직역을 할 수 없
고 의역이 오히려 느낌을 더 잘 표현하는 때도 많다.

또한, 개개인의 개별적인 마음의 차이를 구분해서 언어로 표현할 수 없다. 그 결과 완전하지 않은 언어로 인해 사람들 사이의 소통에 오해가 발생한다는 것이다.

둘째, 마음을 표현하기 위해 만들어진 언어에 의해 의식이 갇히는 현상이 발생한다.

인간은 자신이 사용하는 언어의 한계만큼 생각할 수 있다. 즉, 자신이 사용하는 언어에 자신의 의식이 묶이게 된다. 이런 한계는 마음의 경계가 되어 자아를 구속한다. 또한, 생각의 틀에 묶여버린다는 것을 쉽게 알 수 있는 것은 바로 도덕과 법과 같은 규범이다. 사회적으로 사회 구성원으로 살아가기 위해서는 도덕적이고 사법적인 규범이 존재한다. 이 규범은 절대선을 말하지 않는다. 그 시대와 지역에 따라 이런 규범은 큰 차이를 보인다. 하지만 이런 규범 속에서 태어나면 그것이 규범인 것도 모른 채 절대선으로 인식하면서 살아가야 한다.

셋째, 생각을 멈출 수 없다.

생각이 멈추지 않는 이유는 욕망이 멈추지 않기 때문이다. 욕망이 멈추지 않는다는 것은 욕망을 성취하는 과정에서 욕망을 상상하고 실현하기 위해 행동하면서 구체적인 과정에 대한 지각, 인식, 분별의 작용이 일어나게 된다는 것이다. 이렇게 시작한 생각은 욕망이 얻어지거나 포기될 때까지 멈추지 않으며, 욕망이 달성 또는 포기된 순간을 제외하고는 다시 새로운 욕망이 일어나기 때문에 생각은 멈춰지지 않는다. 그런데 이 생각은 욕망을 실현하는 과정에서 자신이 제어할 수 없는 지경에 이르기도 한다. 자신은 사라지고 욕망만 남는 것이다.

넷째, 멈추지 않는 생각 속에서 가장 문제가 되는 것은 분별심이다.

분별심이란 옳고 그름을 가리는 행위이다. 이 옳고 그름을 가리는 행위가 왜 문제가 되는 것일까? 옳고 그름, 손해와 이익에 대한 끊임없는 생각은 멈추고 싶어도 멈춰지지 않고, 옳고 그름에서 자신의 정당성을 만들어서 자아를 강화하기 때문이다.

그러면 자아를 강화하는 행위가 왜 문제가 되는가? 그것은 인간은 늙고 병들고 소멸하기 때문이다. 자연스럽게 소멸로 가는 과정을 자아는 인정하려 들지 않는다. 자신은 죽고 싶지 않고, 죽을 것 같지 않고 영원히 존재할 것이라는 착각에 빠진다. 혹은 죽고 싶지 않기에 자신의 자아를 강화하면 죽음이 범접하지 못할 것이라는 착각을 하게 된다. 그렇게 무너져서 사라지는 존재인 숙명적인 인간을 욕망의 자아는 부정하고 싶어 한다. 욕망의 자아가 강화되고 그렇게 강화된 자아는 무너지지 않으려는 속성에 의해 자연의 섭리인 늙음과 죽음 앞에 무력화되는 과정에서 괴로움이 커져만 가는 것이다. 분별 자체가 문제인 것이 아니라 분별로 만들어지는 결국 무너질 수밖에 없는 욕망적인 자아에 대한 집착이 자신이 괴롭힌다는 것이 문제이다.

제4장

마음의 고통,
집착에서 비롯되다

집착_ 괴로움의 원인

욕망은 괴로움의 원인이라고 흔히들 말한다. 하지만 욕망 자체는 죄가 없다. 인간 세상에 살면서 욕망이 없이 살 수는 없다. 부자가 되고 싶고 성공하고 싶은 게 인지상정이다. 이렇게 욕망을 이루고 사는 것이 잘못된 것인가? 그렇지 않다. 욕망은 다른 시각에서 보면, 세상을 살아나가는 데 필요한 에너지이기도 하다. 그러면 무엇이 문제일까? 불교에서는 그것을 욕망 그 자체가 아닌, 욕망에 대한 집착으로 보았다. 결국, 욕망에 대한 집착을 괴로움의 원인으로 보는 것이다.

괴로움의 발생 과정

어린 시절의 괴로움을 생각해 보면, 어른이 된 이후의 괴로움과 많은 차이를 보인다. 아이들을 보면 울다가도 금세 웃기도 하고, 바로 또 다른 것에 흥미를 느끼고 집중한다. 온종일 놀아도 지치질 않고 잠자리에 누우면 바로 잠이 든다. 이런 것이 가능한 이유는 마음에 그늘이 없는 천진한 상태이기 때문이다. 이런 천진한 상태에서는 괴로움이 잘 묻질 않는다. 괴로움이 생겨도 툭툭 털어내고 괴로움에 잘 빠지지 않는다.

그러다가 사춘기에 접어들어 성적인 호기심이 생기기 시작하면서 본격적인 어른의 괴로움을 맛보게 된다. 성욕의 발현을 통해 성적인 호기심이 생기고, 수면욕은 자신의 정체성을 확립하기 위한 방향으로 발현된다. 성에 대한 욕구와 자아의 불확실성으로 인해 청소년기는 완전한 혼돈의 상태가 된다. 이런 혼돈 속에서 열등감과 우월감, 시기와 질투, 자기 외모에 대한 인지 등 성적 욕구와 자아의 발현으로 인한 괴로움이 밀려오게 된다. 이 시기의 청소년은 발산하는 에너지와 욕망을 사회적·도덕적 정체성에 타협하고 조정하는 과정에서 방황하게 되는 것이다.

그러다가 청소년기를 벗어나 어른이 되면 스스로 욕망을 충족하게 되면서 쾌락에 빠지기도 하지만, 반대로 욕망의 충족이 불가능한 상태에서 좌절과 절망이라는 괴로움에 빠져들기도 한다. 사실 쾌락을 통해서, 인간이 생각하는 완전한 욕구의 충족은 불가능하다. 이렇게 쾌락과 절망을 오가는 사이에 근원적인 외로움과 공포심이 자라나기 시작하면서 욕망의 잔재인 어둠이 마음 깊은 곳에 자리 잡게 된다. 마음의 어둠은 어떤 계기와 만나면 다시 다른 괴로움으로 성장한다. 그렇게 하나하나 쌓아온 삶이 자신의 편견과 선입견이 되어버리고 나아가 나에 대한 집착인 아집이 되어버린다. 바로 이 아집이 내가 괴로움에서 벗어나는 것을 방해한다.

괴로움과 집착

아이들이 괴로움에 빠지지 않는 이유는, 앞에서도 말했지만 천진하여 집착하지 않기 때문이다. 욕망에 물들지 않은 상태로 쌓아온 번뇌도 없다. 좋으면 좋아하고 싫으면 싫어하는 그대로의 마음을 가지고 있기 때문이다. 어른들처럼 좋아하니까 이래야 하고, 싫어하니까 저래야 한다고 생각하지 않기 때문이다. 좋으면 좋고 싫으면 싫을 뿐이다.

반면, 어른들은 좋거나 싫은 것에 이유를 붙이고, 그 이유를 스스로 이해해야 마음이 편해진다. 이렇게 이유를 만들어 자아를 쌓아나가는 것을 '집'이라고 한다. 집集이란 '모으다'라는 뜻이다. 이 모은다는 의미의 집은 또 다른 의미를 내포하고 있는데 그것은 집착이다. 다시 설명하면 모으기는 하지만 버리지는 못하는, 나아가서 하나라도 없어질까 봐 전전긍긍하는 상태라고 할 수 있다. 그러면 무엇을 모으고 버리지 못하는 걸까?

괴로움의 주체와 객체

괴로움이 발생하면, 괴로움을 느끼는 자(주체)와 괴로움을 주는 대상(객체)이 존재한다. 다시 말하면 괴로움을 느끼는 주체인 '나'가 존재하고, 나에게 괴로움을 주는 객체인

'대상'이 존재하게 된다. 정리하면 아래의 표와 같다.

괴로움	주체	나	자아		욕망
	객체 (대상)	나	감각		
			감정		
			생각		
		나 이외의 것	물질	사람	
				사물	
			비물질	추상적 관념	

　괴로움을 느끼는 주체인 나는 괴로움을 주는 객체이기도 하다. 즉, 나는 괴로움의 주체이면서 객체이기도 하다. 괴로움의 객체는 내가 괴로움을 느끼는 대상 혹은 원인을 말한다. 대상은 크게 나와 나 이외의 것으로 나뉘고, 다시 나는 감각, 감정, 생각으로 볼 수 있고, 나 이외의 것은 물질과 비물질로 나눌 수 있다. 여기에서 물질은 사람과 사물이고 비물질은 명예나 이익 같은 관념을 의미한다.

집착의 대상

　앞에서 말한 집착은 괴로움의 객체인 감각, 감정, 생각, 물질, 비물질 즉 욕망의 대상에 대한 집착을 의미한다. 이 다섯 가지의 대상이 욕망과 결합하게 되면, 그 욕망을 계속해서 유지하려고 하는 집착이 만들어진다. 그리고, 이 욕망에 대한 집착을 '갈애渴愛'라고 표현한다. 갈애는 욕망을 끊임없이 갈구하고 집착하는 상태를 의미한다.

그런데, 집착은 괴로움의 객체에만 적용되는 것은 아니다. 집착은 괴로움의 주체인 자아와도 관련이 있다. 사람은 이상하게도 괴로움이 생겼을 때 괴로움의 원인인 대상에 대한 집착을 버리면 된다는 것을 알고 있으면서도 그 대상을 계속해서 놓지 않으려고 한다. 이렇게 집착을 놓지 않으려는 자아에 대한 집착이 근본적인 문제이다.

선천적 괴로움

불교의 대전제는 '인생은 고苦'라는 것이다. 인간의 삶 자체를 괴로움이라고 보았다. 그리고 네 가지의 존재로서의 괴로움과 네 가지의 인간으로서의 괴로움이 있다고 보았다. 네 가지의 존재로서의 괴로움은 선천적인 괴로움으로 생生·로老·병病·사死라고 하고, 네 가지 인간으로서의 괴로움은 후천적인 괴로움으로 구부득고求不得苦, 원증회고怨憎會苦, 애별리고愛別離苦, 오음성고五陰盛苦 등이 있다.

이를 현대적인 의미로 해석하면 다음과 같다.

괴로움은 크게 선천적인 괴로움이 있고 후천적인 괴로움이 있다. 그중에 선천적인 괴로움은 태생적 괴로움과 숙명적 괴로움으로 나누고, 후천적인 괴로움은 운명적 괴로움과 욕망적 괴로움으로 나눠서 생각해 볼 수 있다.

태생적 괴로움

생명을 가진 존재는 생로병사한다. 태어난 이상, 늙고 병들고 죽는다. 태생적인 괴로움은 인간을 포함한 모든 생명을 가진 존재가 갖는 괴로움을 의미하며, 모든 태어난 존재에게 차별 없이 일어나는 괴로움을 뜻한다. 병들지 않고 늙지 않으며 죽지도 않는다면 인간이 가지는 괴로움 중 많은 부분이 해결될 것이다. 하지만 사람들은 시간이 흐름에 따라 병이 들어서 괴롭고, 늙어서 힘들며, 죽음 앞에 두려워진다. 그래서 태어남을 모든 괴로움의 원인으로 본다. 태어남이 없다면, 늙지도 병들지도 죽지도 않기 때문이다. 이런 근본적인 괴로움은 태어난 존재가 가지는 필연적 괴로움이다.

숙명적 괴로움

숙명적인 괴로움은 태어나면서부터 가지게 되는 타고난 외모, 기질, 능력과 환경에 의한 괴로움이다. 누구나 알다시피 사람은 평등하지 않다. 태어났다는 자체를 빼고는 평등이란 말을 붙일 수 없다.

첫째는 외모와 재능이 다 다르다. 사람들이 아름다움과 추함에 대해 좋아함과 싫어함이 생기지 않는다면, 외모는 쓸모없는 껍데기일 뿐이다. 하지만 외모의 아름다움과 추함에 대해 좋고 싫음이 생기고, 이것은 사람들과의 상호 관계를 형성하는 데 큰 차이를 보이게 된다. 외모에는 얼굴, 체형, 키, 피부색, 목소리, 건강 등 개인의 개성을 나타내기도 하지만, 이에 따라 삶을 바라보는 태도가 달라지기도 하고, 타인이 자신을 바라보는 태도가 달라진다. 열등감이나 우월감이 처음으로 생기는 것도 외모에 의한 것이다. 타고난 외모만큼이나 타고난 재능과 체력도 인생에 큰 변수로 작용한다. 지능을 포함한 재능은 그 사람의 인생에 많은 차이를 가져온다. 지능이 높아서 공부를 잘하면 좋은 대학을 가고, 좋은 직장을 갖게 되어, 사회에서 성공할 확률이 높아진다.

둘째는 태어난 환경이다. 태어나보니 나였을 뿐 아니라

태어나보니 우리집이었던 것이다. 내가 원해서 그런 환경에 태어난 것은 아니지만, 환경은 부모님의 생존 여부, 성격과 지성, 학력과 재력 등과 형제 관계도 포함한다. 이것은 한 사람의 성격을 형성하는 데 많은 영향을 끼친다. 어떤 형제자매를 갖고 첫째인지 둘째인지 막내인지도 큰 영향을 끼친다. 가정은 사실 태어나서 처음 맞이하는 작은 사회이다. 형제자매는 경쟁자이자 협력자이다. 이 작은 사회에서 배우는 사회성이 세상에 나가서 새로운 집단과 만날 때 필요한 수단이 된다.

셋째는 그 사람이 가지고 있는 기력, 즉 에너지이다. 사람들은 태어나면서부터 자기만의 에너지를 가지고 태어난다. 보통 사람들은 10을 기준으로 할 때 5-7 정도의 에너지를 가지고 태어난다. 에너지가 많은 사람은 8-9 정도이고 에너지가 약한 사람은 2-4 정도이다. 이렇게 사람마다 타고난 에너지가 다르다. 대체로 건강한 사람들이 많은 에너지를 가지고 태어난다.

그러면 이러한 에너지는 어떤 작용을 하는 것인가? 몸을 움직이고 생각을 하고 사람을 상대할 때 필요하다. 몸이 힘들고 지쳤을 땐, 사람을 만나는 것도, 말하는 것도 힘들 수 있다. 타고난 에너지가 적은 사람들은 다른 사람보다 쉽게 지치고 힘들어진다.

이것은 사람뿐만 아니라 다른 모든 것을 대할 때도 마찬가지이다. 다섯 가지 감각은 원하든 원하지 않든 세상을 향해 열려 있고 세상과 접촉하고 있다. 이렇게 접촉하는 데는 에너지가 필요하다. 게다가 우리가 에너지를 가지고 집중할 때, 그 감각의 대상이 더 크게 느껴진다. 이렇게 감각이 열려서 무의식적으로 느끼는 것과 집중을 해서 느끼는 것도 에너지가 필요하다.

더구나 몸이 약한(타고난 에너지가 적은) 사람들은 세상과의 접촉에서 쉽게 에너지가 소비된다. 게다가 에너지를 다시 충전하는데, 일반사람들보다 오래 걸린다. 예를 들면 불량이거나 오래 사용한 휴대전화 배터리처럼 100% 충전이 되질 않고 쉽게 닳아지며 다시 충전에도 시간이 걸린다.

이러한 사람들은 보통의 에너지를 가진 사람들이 느끼는 괴로움보다 선천적으로 더 큰 괴로움을 느낀다. 더구나 이러한 육체적인 감각이나 정신적인 감수성이 더 민감한 사람들은 이보다 더 큰 고통을 느낀다.

이렇게 운명의 출발점은 사람마다 다르다. 하지만 불교에서는 이러한 선천적인 운명만을 강조하지는 않는다. 사람이 어떻게 살아가는가에 따라 주어진 운명과는 다른 새로운 삶이 가능하다고 생각한다. 운명적이고 보수적인 삶이 아니라 개척할 수 있는 개인적인 혁신이 가능하다는 자유의지를 강조한다. 물론 자유의지가 모든 것을 해결해 주지는 않는다. 자유의지 또한 인간의 관성적인 삶에서 완전히 벗어나기는 쉽지 않기 때문이다. 하지만, 자유의지를 통해 인간은 자신의 삶을 비틀 수 있고, 이렇게 만들어진 작은 틈의 간격이 세월의 흐름에 따라 큰 격차를 만들어 낼 수 있기 때문이다.

욕망과 선택

선택과 결정

인간은 누구나 행복해지려고 선택하고 결정을 내린다. 하지만 그렇게 생각해서 내린 결정들이 전혀 예상하지 않은 방식으로 예상치 못한 결과를 만들어 나에게 괴로움이 되는 경우가 있다. 간혹 괴롭기 위한 선택을 내리는 사람이 있긴 하지만, 그렇게 선택한 괴로움도 깊이 들어가 보면 또 다른 즐거움이나 이기심에서 비롯된 선택일 때가 많다. 이런 특수한 경우를 제외하고 대부분 사람은 행복하기 위해 선택을 한다.

우리는 인생을 살면서 셀 수 없을 정도로 많은, 행복을 위한 선택과 결정을 한다. 사소한 선택도 여러 경우의 수 중에서 한 가지를 택하는 것이다. 물론 어쩔 수 없는 선택도 있지만, 어쩔 수 없는 선택을 하기 위한 수많은 사전 선택이 있었다. 마지막까지 몰려서 선택의 여지가 없는 상황도 본인 스스로 해온 많은 선택의 결과이다. 이러한 선택과 결정이 모여 살아갈 운명을 만들어 가고 운명의 방식에 영향을 끼친다.

욕망의 개화開花

선택이 갈라지는 가장 큰 이유는 욕망의 개화이다. 선천적인 괴로움은 대략 일곱 살 이전의 운명을 좌우하는 경우가 많다. 대략 여덟 살부터 열여섯 살 정도까지는 선천적인 괴로움과 후천적인 괴로움이 공존하고 그 이후에는 후천적인 괴로움이 인생을 지배한다.

남녀칠세부동석이란 말이 있다. 물론 이 말이 현대사회에서 적용된다는 말은 아니다. 현대사회에서는 미운 일곱 살이라는 말로 다르게 표현하기도 한다. 하지만 왜 일곱 살이란 나이를, 남녀를 분리하는 시기로 보았을까? 그 이유는, 이 나이부터 욕망이 생겨나기 때문이다. 욕망이 일어난다는 것은 자아가 만들어져 가는 시기와 거의 겹친다. 나라고 하는 개념이 생기면서 나를 지탱해 나가는 욕망도 같이 생겨난다. 이렇게 생겨난 자아와 욕망은 선천적인 요인과 함께 수많은 경험으로 완전한 자아를 확립하는 시기를 갖게 된다. 이른바 청소년기라고 하는 시기이다. 이렇게 청소년기를 거쳐 청년의 시기로 들어서게 되면 이미 욕망을 이루는 방식이 더 세련되게 확립되고, 이러한 방식은 수많은 미래를 선택하는 바탕이 된다. 이렇게 욕망을 이루는 방식에 대한 선택은 자신의 운명을 결정해 나간다.

이런 선택과 결정의 후천적인 괴로움은 크게 두 가지로 나뉘는데, 하나는 운명적 괴로움이고 다른 하나는 욕망적 괴로움이다.

후천적 괴로움

선천적인 괴로움은 타고난 업에 의한 괴로움으로, 지금의 나로 존재하는 이유에 대한 답이기도 하다. 반면, 후천적인 괴로움은 운명적이며 욕망적인 인간으로서의 괴로움으로 나의 선택과 결정에 의해 괴로움이 정해진다.

운명적 괴로움

먼저 운명적 괴로움은 앞에서 말한 선천적 괴로움의 숙명적 괴로움과는 결이 다르다. 숙명적 괴로움은 선택의 여지가 없는 괴로움인 데 반해 운명적 괴로움은 자신의 선택과 결정이 개입할 수 있는 것이다.

원하지만 가지지 못하는 괴로움(구부득고求不得苦)은 물건에만 해당하는 것은 아니다. 그것은 사랑일 수도 있고 명예일 수도 있다. 사람들은 누구나 무언가를 가지기 위해 노력하지만, 인간 세상에서 원하는 것을 모두 가질 수는 없다. 그 누구도 모든 것을 소유할 수 없으므로, 사람은 필연적으로 결핍을 느끼게 되고 결핍은 괴로움을 낳는다. 물질적으로 다 가진 것 같은 부자들도 마음의 결핍을 피할 수 없다. 이런 결핍에서 오는 괴로움이 바로 원하지만 갖지 못하는 괴로움이다.

사랑하지만 헤어지는 괴로움(애별리고愛別離苦)은 사랑하는 연인과의 이별뿐만 아니라 죽음에 의한 이별도 포함한다. 사랑하는 사람과의 이별은 나와 관계된 감정과 기억이 모두 부정되는 것이다. 이제는 만들어 갈 미래가 사라진 것이다. 이 괴로움은 허망함과 외로움이라는 괴로움을 동반한다.

미워하지만 만나야 하는 괴로움(원증회고怨憎會苦)은 회사에 다니는 사람들은 잘 알 것이다. 만나기 싫지만 만나야 하는 직장 상사의 경우가 대표적인 사례다. 또한, 무늬만 부부인 경우도 마찬가지다. 만나기 싫은 사람을 억지로 만나는 괴로움은 상상을 초월한다. 이 경우 미움과 분노 그리고 자괴감이라는 괴로움을 동반한다.

운명적 괴로움은 필연적인 인간의 삶에 기초한다. 인간은 혼자 살 수 없고 관계를 이루고 살며 그 관계에서 기쁨도 얻고 슬픔도 얻고 즐거움도 느끼고 괴로움도 갖게 된다. 이런 인간 삶의 기초적인 기반에 의한 괴로움이 운명적 괴로움이다.

욕망적 괴로움

반면 욕망적 괴로움(오음성고五陰盛苦)은 무엇일까? 욕망을 사용하는 자아를 가진 인간의 괴로움이다. 욕망을 감지하고 느끼며 이루려는 모든 과정에는 감각, 감정, 생각이라는 자아가 관여한다. 욕망을 이루는 과정에서 이 세 가지의 요소들이 관여하게 되고, 욕망을 성취하면 성취한 대로, 욕망을 이루지 못하면 이루지 못한 대로, 욕망을 이루는 과정에서 사용된 감각, 감정, 생각은 사라지지 않고 내 마음속에 고여 망상과 번뇌가 되어버린다. 그래서 감각적인 괴로움, 감정적인 괴로움, 사변적인 괴로움이 존재하게 된다. 이것은 인간에게 육체와 정신이 있는 이상 피할 수 없는 괴로움이다.

또한, 욕망 그 자체의 속성에 기인한 괴로움을 의미한다. 욕망은 불과 같다. 욕망은 불처럼 타올라 열기를 느낄 수는 있어도 잡을 수는 없다. 잡을 수 있다고 생각해서 잡는 순간 그 불길에 몸을 데게 된다. 현명한 사람은 욕망을 옆에 두기는 해도 욕망에 빠져들지 않는다. 하지만 대부분 사람은 욕망의 불 속으로 뛰어드는 선택을 한다. 그렇게 욕망에 불타올라 스스로 재가 되기까지 괴로움에 빠져들게 된다. 그렇게 욕망을 태울 때 사람들은 기쁨과 즐거움에 빠져버리지만, 욕망이 타서 재가 될 때는 분노, 슬픔, 걱정, 두려움, 우울, 부끄러움이 드러난다. 결국, 욕망에 의한 쾌락은 찌꺼기를 만들고 그 찌꺼기로 인해 괴로움이 발생한다.

제5장

명상, 마음을 바라보는 기술

명상이라는 단어의 의미

'명상'이라는 단어가 처음 등장한 것은 일본에서부터이다. 메이지 시대(1868-1912)에 일본으로 전파된 기독교의 용어인 meditation이 명상으로 번역되면서부터이다. 서구 기독교에서 사용하는 meditation이라는 단어는, 보통 고요히 눈을 감고 잡생각을 하지 않는 행위를 의미하고, 이것은 신에게 기도하기 위한 사전 단계를 의미한다. 그래서 서양에서 생각하는 meditation은 종교적인 관점을 포함한다. 즉, 명상이란 하나님을 향한 기도의 사전 단계인 묵상이라는 개념에서 출발한다.

그에 반해 동양에서 명상이라고 하면 불교의 수행이나 선정을 먼저 떠올리게 된다. 마음을 고요히 하기 위해 선정하는 모습이거나 자기 스스로 탐구하기 위해 치열하게 고행이나 수행하는 모습을 떠올리게 되는 것이다. 그래서 서양 사람들은 불교에서의 수행이나 선정을 실천하고 실행하는 모습이 기독교의 묵상과 비슷하다고 여겨 meditation 이란 용어를 사용한 것이다. 이렇게 선정과 수행을 meditation으로, 다시 meditation이 명상으로 번역되었고, 이 과정에서 명상이라는 단어의 개념에 여러 의미가 포함되었다.

현대에 이르러 서양에서는 동남아 남방불교의 명상법인 사마타와 위빠사나를 받아들이는 과정에서, 종교적인 색채를 제거하고 명상적인 부분만 받아들이면서 심리학적인 관점에서의 현대 명상이 발전하게 된다. 이것은 필연적인 것으로, 기독교 사상에 기초하는 서구 사람들이 자신들의 종교성이 침범받지 않으면서 불교의 명상을 받아들이는 방식인 것이다. 이런 이유로 현재 명상이라는 단어는 여러 의미를 포함하는 광범위한 단어가 된 것이다.

그래서 명상이라고 하면, 남방불교의 명상법인 사마타와 위빠사나와, 여기에서 비롯한 서구 심리 명상을 주로 지칭하게 되었다. 북방불교의 한 줄기인 우리나라 불교계에서는 최근에 이를 받아들여 '선명상'이라는 용어를 사용해서 우리나라의 불교 명상을 설명한다.

명상이라는 용어의 범람

요즘 명상 시장을 살펴보면 개념 또는 행위를 의미하는 단어 뒤에 명상이라는 말을 붙이면 전부 명상이 된다. 예를 들면, 음악이라는 단어에 명상을 붙이면 '음악 명상'이 되고 미술이라는 단어를 붙이면 '미술 명상'이 되고, 달리기에 명상을 붙이면 '달리기 명상'이 되는 식이다.

이렇게 명상이라는 단어가 다양하게 쓰이게 되면서, 명상이라는 단어의 의미가 오히려 모호해지는 현상이 일어났다. 다시 말하면 명상이 무엇을 의미하는지 그 개념을 잡기가 어려워졌다. 그래서 예전에 명상이라는 단어를 사용하는 의미와 지금의 명상이라는 단어의 의미 사이에는 꽤 큰 틈이 존재한다.

이것은 운송 수단이라는 단어의 개념과 비슷하다. 운송 수단은 사람이나 화물을 이동시키기 위한 모든 수단을 의미한다. 그런데 여기에는 사람이 직접 물건을 옮기는 등짐에서부터 말, 소, 당나귀 등 동물들에게 직접 짐을 실어 옮기는 것도 있고, 도구의 발달로 육지에는 바퀴 달린 기구를 이용한 사람이 끄는 손수레, 동물이 끄는 달구지, 마차 등이 있고, 바다에는 바람을 이용하는 범선이 있다. 또한, 근대에 이르러 과학이 발달하면서, 내연기관을 이용한 자동차, 기차, 선박 등이 있고, 나아가 하늘을 나는 비행기, 헬리콥터, 그리고 우주선까지, 수많은 운송 수단이 존재한다.

하지만 여기에서 보는 것처럼, 이런 모든 것들을 운송 수단으로 분류한다고 해서, 사람의 등짐이나 소와 말이 이끄는 달구지 등을 비행기나 우주선 등과 같은 선상에 놓을 수는 없는 것이다.

이것을 명상에 대입해 보면, 수많은 운송 수단이 있는 것처럼 수많은 명상법이 있음에도 오히려 '명상이 이것이다' 하고 정의를 내리기 힘든 상황이 되어버린 것이다.

명상의 정의

그러면 명상을 어떻게 정의해야 하는가? 명상을 정의하기 위해서는, 먼저 요즘 사람들이 왜 명상하려고 하는지 살펴봐야 한다. 일반 사람들이 생각하는 명상에 대한 통념을 통해, 거꾸로 명상의 의미를 찾아보려 한다.

보통 명상을 하려는 사람들에게 "왜 명상하려고 하는가?" 하고 질문해 보면, 머리가 복잡해서, 마음이 안정되질 않아서, 화가 많아져서, 우울해서, 잠이 오질 않아서, 혹은 공황장애 때문에, 노이로제 때문에, 스트레스 때문에 등의 대답이 돌아온다. 그래서 다시, "명상이 무엇인가?" 하고 물어보면 마음을 비우는 것, 지금 여기에 집중하는 것, 나 자신을 찾는 것 등으로 대답하지만, 대부분 이런 질문을 받으면 난처해한다. 사람들은 막연하게 명상을 하면 자신의 마음이 편해질 것으로 생각할 뿐이고, 명상이 무엇인지에 대해서는 막연한 이미지만 있을 뿐, 깊이 있게 생각해 본 적이 없기 때문이다.

그런데 여기에서 우리가 알 수 있는 것이 하나 있다. 행복하거나 괴로움이 없는 사람들은 명상을 하려는 생각조차 하지 않는다는 것이다.

즉, 명상을 하려는 사람은 무언가 마음에 괴로움이 생기고, 그 괴로움을 명상을 통해 해결할 수 있지 않을까 싶어서 명상을 시작한다. 이렇게 본다면 일반적인 사람들이 생각하는 명상이란 마음에 어떤 식으로든 괴로움이 생겼을 때, 그 괴로움에서 벗어날 방법이라고 할 수 있을 것이다.

여기에 명상에 대해 정의를 내리기 위한 첫 번째 조건이 생긴다. 즉, 마음에 괴로움이 생기고, 명상을 통해 그 괴로움에서 벗어나고 싶다는 것이다. 이렇게 보면 명상은 괴로움에서 벗어나는 방법이라고 할 수 있다.

그렇다면 마음의 괴로움에서 벗어나는 모든 방법이 명상일까? 그렇진 않다. 여기에 두 번째 조건이 있다. 그것은 쾌락적이지 않아야 한다는 것이다.

쾌락적 즐거움이란 감각적 쾌락을 통해 욕망을 충족했을 때 생기는 즐거운 감정을 말한다. 그래서 사람들은 욕망이 좌절되거나 실패했을 때, 또는 욕망을 성취하더라도 더 이상 만족감이 생기지 않을 때 괴롭다고 느낀다.

이렇게 괴로움이 생기면, 괴로움에서 벗어나기 위해 또 다른 쾌락을 느껴보려고 한다. 가장 쉽게 접할 수 있는 것이 술과 섹스이고, 나아가 도박과 마약 등의 쾌락에 의지하려고 한다. 그런데 감각적인 쾌락을 통해 일시적으로 괴로움을 잊을 수는 있겠지만 결국에는 다음과 같은 문제점들이 만들어진다.

첫째, 무뎌져 간다는 것이다. 같은 깊이의 자극이 더는 재밌지 않게 된다. 어떤 쾌락적 자극도 영원하지 않다. 사람은 쾌락에 쉽게 익숙해져서 같은 크기의 자극에 쉽게 무디게 된다.

둘째, 그래서 더 큰 자극을 원하게 되고 이런 과정에서 중독되어 자신을 파멸로 이끈다. 이른바 주색잡기로 패가망신한다고 하는 것은 술, 섹스, 도박, 그리고 마약 등의 무서운 중독성을 의미한다고 할 수 있다.

셋째, 만약 파멸에 이르지 않더라도, 감각적인 쾌락을 추구하는 동안 시간만 흐르고, 나이만 먹게 된다는 것이다. 중독에서 벗어나기는 어렵지만 그래도 간혹 빠져나오는 경우가 있다. 그런데 빠져나오기까지 꽤 오랜 시간이 걸린다.

넷째, 그 결과 어느 정도 시간이 흘러 정신을 차리더라도, 괴로움이 사라진 것은 아니고 단지 내가 괴로움에 등만 돌리고 있었고, 본질적인 문제는 아무것도 해결되지 않았다는 것을 알게 된다. 결국, 감각적인 쾌락은 마음의 괴로움에서 벗어나는 데 도움이 되지 않는다.

이런 이유로 쾌락적인 방법으로 괴로움에서 벗어날 방법은 없다. 쾌락은 쾌락일 뿐, 순간의 괴로움을 모면하게 해주지만 근본적인 치유법이 될 수는 없다.

그러므로 쾌락적이지 않은 방법으로 괴로움을 없앨 방법

이 필요한데, 그 방법이 명상인 것이다. 이런 이유로 현재 광범위하게 쓰이는 명상이라는 말은 다음과 같이 정의할 수 있다.

> "명상이란 괴로움에서 벗어나기 위한, 쾌락적인 수단을 제외한, 모든 행위."

명상의 분류

명상을 분류하는 방식은 관점에 따라 다양할 수 있다. 명상의 기법을 중심으로 살펴볼 수도 있고, 명상의 발생 방식에 따라 구분할 수도 있으며, 명상의 역사로 분류할 수도 있다. 하지만 여기에서는 마음에 괴로움이 일어났을 때 괴로움을 어떤 방식으로 다루고 해결하는지, 또한 괴로움을 어디까지 없앨 수 있는지에 따라 분류하려고 한다.

일단 앞 장의 "명상이란 괴로움에서 벗어나기 위한, 쾌락적인 수단을 제외한, 모든 행위."라는 설명은 넓은 의미의 명상을 의미한다.

넓은 의미의 명상은 좁은 의미의 명상과 수행으로 나눌 수 있는데, 좁은 의미의 명상은 마음 그릇 안에 담겨있는 마음 요소를 가라앉혀 고요하게 하는 것이 목적이다. 좁은 의미의 명상은 다시 두 개로 나눌 수 있는데, 하나는 마음에 위안을 주는 명상인 힐링 명상이고 다른 하나는 마음을 다스리는 명상인 멈춤 명상이다. 수행은 마음 요소뿐만 아니라 마음 그릇 자체를 가지고 하는 방법이다. 이것은 명상 수행이라고 할 수 있다.

넓은 의미의 명상		
좁은 의미의 명상		수행
힐링 명상	멈춤 명상	명상 수행
마음에 위안을 주는 명상	마음을 다스리는 명상	마음에서 벗어나는 명상
음악명상 싱잉볼명상 미술명상 요가명상 등	관찰명상 / 마음챙김 명상	사마타 선명상 禪冥想	위빠사나 선수행禪修行

흙탕물의 비유

이 방식의 분류는 다음 예시로 설명하면 이해하기 쉽다.

투명한 유리로 만들어진 그릇에 흙탕물이 담겨있다고 생각해 보자. 이 그릇은 늘 움직인다. 늘 움직이는 그릇 속의 흙탕물은 언제나 출렁이며 혼탁하고, 때론 흘러넘치기도 한다.

그릇에 따라 어떤 것은 부드럽게 움직이지만, 어떤 것은 과격하게 움직인다. 이 중에서 과격하게 움직이는 그릇을 부드럽게 움직이도록 하면 출렁임은 잦아들고 밖으로 물이 넘쳐흐르지 않게 된다(힐링 명상).

그러다가 이 그릇이 어느 순간 움직임을 멈추면, 그릇 속의 흙탕물도 그제야 출렁임이 멈추게 된다(멈춤 명상 – 사마타·선명상). 출렁임이 멈추고 나면, 흙탕물 속에 있던 무거운 흙 알갱이들은 아래로 가라앉고 위에는 비교적 맑은 물만 남게 된다. 혼탁함이 서서히 사라지게 되는 것이다. 이제야 그릇 속을 들여다볼 수 있게 된다(관찰 명상 – 마음챙김 명상).

하지만 그릇이 다시 움직이게 되면 다시 출렁임이 일어나 맑아진 것처럼 보였던 물은 다시 흙탕물이 된다. 이런 일이 반복되지 않으려면 두 가지 방법을 사용해야 한다(명상 수행). 하나는 움직임이 멈췄을 때 아래에 가라앉은 흙 알갱이를 제거하는 것이고(위빠사나), 다른 하나는 그릇의 크기를 키우거나 깨트리는 것이다(선수행). 이렇게 되면 그릇에 대한 흙탕물의 비율이 상대적으로 낮아지게 된다. 만약 그릇이 무한대로 커지면 흙탕물의 비율은 상대적으로 0(영)에 수렴할 수 있게 된다. 또 다른 관점에서는 그릇을 깨트리는 것이다. 그릇이 깨지는 것은 그릇이 무한대로 커지는 것과 비슷한 효과를 갖는다.

　여기에서 그릇은 나이고 움직임은 욕망이며 흙탕물은 번뇌(오염된 마음)이다. 이처럼 과격하게 움직이는 그릇을 부드럽게 움직이도록 하는 명상은 마음에 위안을 주는 힐링 명상이고, 그릇을 멈추고 지켜보는 명상은 마음을 다스리는 멈춤 명상이며, 흙 알갱이를 없애면서 동시에 그릇을 키우거나 깨트리는 명상은 마음에서 벗어나는 명상 수행이다.

명상의 분류별 설명

힐링 명상 – 마음에 위안을 주는 명상

　힐링 명상은 과격하게 움직이는 마음 그릇을 부드럽게 움직이도록 만들어서 안에 있는 흙탕물의 출렁임을 잦아들게 하고 밖으로 물이 넘쳐흐르지 않도록 하는 방법이다. 여기에는 음악 명상, 싱잉볼 명상, 미술 명상, 요가 명상 등 가볍게 접근할 수 있는 명상이 있다.

　이 명상법은 거친 마음을 부드럽게 만들어 주고, 동시에 아픈 마음을 위로해 주고 힐링해 주는 명상을 의미한다. 이런 위로와 힐링을 통해 마음의 긴장을 이완시키는 것인데, 마음에 일어난 작은 상처를 치유해 주는 것과 같다.

비유하자면, 몸에 가벼운 생채기나 소화불량 같은 가벼운 병에 걸렸을 때 약을 바르거나 복용하는 것과 같다. 스트레스와 같은 가벼운 괴로움이 마음에 출렁거릴 때, 힐링 명상을 통해 이를 해소할 수 있다. 또는 본격적인 명상을 하기 전에 힘든 마음을 위로하는 방편으로 사용하면 좋다. 이런 명상법들은 근본적인 치료법을 제공하지는 않는다. 마음에 깊은 상처나 무거운 병에 걸렸을 때, 이런 명상법들은 효과를 보기 힘들기 때문이다.

멈춤 명상 – 마음을 다스리는 명상

〈사마타와 선명상〉

멈춤 명상은 마음 그릇을 멈추는 명상을 말한다.

마음 그릇이 어느 순간 움직임을 멈추면, 그릇 안 흙탕물은 그제야 출렁임을 멈추게 되고, 출렁임이 잔잔함으로 바뀌면 흙탕물 속에 있던 무거운 흙 알갱이들은 가라앉고 위에는 비교적 맑은 물만 남게 된다. 혼탁함이 서서히 사라지게 되는 것이다. 여기에는 남방불교의 사마타, 그리고 북방불교의 선명상이 있다. 이들 명상법의 공통점은 호흡에 대한 집중을 통해 마음을 이완시켜 고요함을 얻도록 하는 데 있다.

반면, 차이점은 기본적으로 호흡법을 통한 좌선이라는 기법은 같지만, 사마타는 호흡 자체에 집중하고 선명상은 화두에 집중하여 고요함을 얻는다. 이렇게 얻는 고요함을 선정禪定 또는 삼매三昧라고 한다. 사마타와 선명상은 불교 철학을 배경으로 하여, 깨달음이란 지향점에 도달하기 위한 위빠사나와 선수행을 함께 닦아 나간다.

〈마음챙김 명상〉

마음챙김 명상은 마음 그릇 안에 있는 흙탕물을 계속해서 관찰하면 흙탕물의 흙 알갱이가 가라앉으면서 가장 적절한 위치에 자리 잡는다고 본다. 이후, 적절한 위치에 자리 잡은 흙 알갱이를 있는 그대로 받아들이는 것이 중요하다고 생각한다.

마음챙김 명상은 서구 심리학자들이 심리학적인 관점으로 남방불교의 사마타와 위빠사나의 기술적 방법을 재해석하여 만든 명상법이다. 마음 그릇 안에 있는 마음의 요소들을 관찰하고 정리해서 최적화하는 방법을 찾으면 생각과 감정이 가라앉는다고 본다. 또한, 관찰을 통해 자기 자신을 있는 그대로 받아들이고 긍정적인 자아상을 형성하는 데 도움을 준다고 한다. 기법적으로는 호흡 명상과 관찰 명상을 주로 한다. 이들 명상법에는 마음챙김이라는 중심적 개념이 있는데, 간단히 말하면 마음챙김이란 내 마음에 괴로움이 일어났을 때 마음을 다스리는 자를 만들어서 마음의 조화와 균형을 통해 괴로움을 진정시킬 수 있다고 보는 것이다.

명상 수행 - 마음에서 벗어나는 명상

명상 수행은 마음에서 벗어나는 명상을 말하는데, 하나는 통찰을 통해 가라앉은 마음 요소를 제거하는 방식이고, 다른 하나는 마음 요소를 제거해 나가는 동시에, 마음 그릇을 무한대로 키우거나 깨트리는 방식을 말한다. 여기에는 남방 불교의 위빠사나와 북방불교의 선수행이 있다.

이 수행법은 불교의 철학과 사상을 품은 불교 수행법에 해당하며, 마음을 집착하는 자아를 깨뜨려서 깨달음을 얻어 괴로움에서 완전히 벗어나는 것을 목적으로 한다. 불교의 이론에 따르면, 연기설이라는 사상의 토대 위에, 삼법인三法印에 해당하는 무상無常, 고苦, 무아無我를 깨달아 가는 것이다.

〈위빠사나〉

남방불교의 위빠사나는 사마타를 통해 가라앉은 흙 알갱이를 관찰하여 번뇌에 해당하는 흙 알갱이를 제거할 수 있다고 본다. 사마타를 통해 갈애渴愛를 제거하고, 위빠사나를 통해서 무명無明이 제거된다고 본다. 갈애는 욕망, 욕구를 계속해서 추구하는 마음이고, 무명은 진리에 대한 무지이자 어리석음이다.

위빠사나는 사띠(Sati)를 확립하는 기법을 통해 나 자신을 관찰하는 것이다. 요즘 말하는 메타인지를 통해 자신의 번뇌를 관찰하는 것이다. 불교 철학적 기반 위에서, 이 방법을 통해서 마음의 현상을 관찰하면 욕망이 사라지고, 욕망이 사라지면 자아에 대한 집착이 사라져서 괴로움이 사라진다고 주장한다.

〈선수행〉

북방불교의 선수행은 '마음의 한계'이자 '나의 경계'인 마음 그릇에서 벗어나는 것을 말한다. 수행에는 두 가지 방법이 있는데, 하나는 마음 그릇 자체를 무한대로 크게 만들어서, 그릇 안에 있는 마음 요소가 얽혀 있는 흙탕물이 상대적으로 0(영)에 수렴하게 되면 괴로움이 사라진다고 보았고, 다른 하나는 마음 그릇을 단박에 깨뜨려서 그릇이 사라지면 흙탕물인 번뇌로 인해 괴로움을 느끼는 '나의 경계'가 사라지고, 괴로움을 느낄 '나'가 사라진다고 보았다. 결국, 마음 그릇이 무한대로 커지든 아니면 마음 그릇을 깨뜨리든, 수행을 통해서 자아를 없애는 것, 즉 무아가 되는 것만이 괴로움에서 벗어날 수 있는 유일한 방법이라고 주장한다.

북방 대승불교의 선수행은 화두를 들고 몰입하여 심층의

식으로 바로 들어가는 방식이다. 선수행에서는 위빠사나의 관찰자도 번뇌로 보기 때문에, 관찰자와 피관찰자를 뭉쳐서 잠재의식과 무의식을 뚫어내어 자아가 존재하지 않는 곳으로 바로 들어가는 방법이다.

마음챙김 명상

마음챙김(Mindfulness)의 유래

서구 심리 명상은 테라와다(Theravada) 불교인 상좌부上座部불교, 즉 남방불교에서 비롯되었다. 서구의 심리학자들은 남방불교 명상의 핵심 개념인 사띠(Sati)의 개념을 차용해서 'Mindfulness'라는 용어로 재해석하여 심리학적인 치료법의 하나로 재탄생시켰다. Sati 고유의 개념을 심리학적인 관점에서 재해석하여 심리치료가 필요한 사람들을 위한 개념으로 그들만의 방식으로 발전시킨 것이다.

서양, 특히 미국의 심리학자들과 정신의학자들은 명상의 Mindfulness 개념이 심리학적 치료에 유용할 수 있다는 가능성을 발견하게 되었고, 이 개념을 이용한 심리학적 치유법을 통해 다양한 심리학적 실험이 진행되었다. 그리고 Mindfulness를 이용한 치유법이 심리적인 장애가 있는 사람들에게 상당한 효과를 보이자, 심리치료법으로서의 한 축으로 자리 잡게 되었고, 나아가 일반인들에게까지 적용하는 명상의 개념으로 확장된다.

이렇게 서구의 학자들에 의해 새로이 해석된 Mindfulness는 심리학 체계 내에서 독특하게 발전하게 되었고, 남방불교에서 의미하는 Sati의 전통적인 개념과는 다른, Mindfulness만의 고유한 속성을 가지게 되었다.

마음챙김(Mindfulness)의 일반적 정의

Mindfulness가 사띠(Sati)와는 다르게 발전할 수 있게 된 중심에는 존 카밧진(Jon Kabat-Zinn)이라는 사람을 빼놓을 수 없다. 존 카밧진은 서구사회에서 처음 Mindfulness라는 단어를 사용하여 MBSR(Mindfulness-Based Stress Reduction: 마음챙김에 기반한 스트레스 감소)라는 마음챙김을 이용하는 심리치료 프로그램을 만들었다. 1979년 카밧진은 매사추세츠대학교 의과대학에서 스트레스 감소 클리닉을 설립하고 8주 코스로 구성된 MBSR 프로그램을 통해 환자들의 스트레스, 고통, 통증을 다루는 데 도움을 주는 것을 목표로 했다.

그는 Mindfulness를 "독특한 방식으로 1) 의도를 가지고, 2) 지금 이 순간에, 3) 판단하지 않고, 4) 주의를 기울임으로써, 5) 생겨나는 자각."으로 정의하였다.

MBSR 외에도 여러 이름의 마음챙김 명상이 있지만, 일일이 열거하는 것은 의미가 없어 보인다. 내용적인 측면에서 크게 차이가 없기 때문이다. 이런 여러 종류의 마음챙김 명상의 공통적인 요소들을 추려보면 다음과 같다.

1) 현재 경험에 대한 순수한 자각, 2) 주의집중, 3) 탐색적 관찰, 4) 경험의 기술, 5) 경험 수용의 의도, 6) 경험의 개방성, 7) 비집착, 8) 비판단, 9) 탈중심, 10) 거리 두기, 11) 메타인지적 관점 등이 있다.

마음챙김 명상(Mindfulness Meditation)의 특징

이렇게 서구 심리 명상은 마음챙김을 주된 개념으로 하여 마음챙김 명상을 주로 시행하고 있는데, 주요 특징은 다음과 같다.

1. 현재 순간에 집중

과거의 후회나 미래에 대한 걱정을 내려놓고, 지금, 이 순간에 집중하여 자신의 호흡, 신체 감각, 주변 소리 등 현재 경험에 주의를 기울인다.

2. 비판하지 않는 태도

자신의 생각, 감정, 신체 감각을 판단하지 않고 있는 그대로 받아들인다. '좋다' 또는 '나쁘다'는 평가 없이 경험을 관찰한다.

3. 수용과 자각

지금 경험하고 있는 것을 거부하거나 억누르지 않고 그대로 인정하고, 불편하거나 어려운 감정조차도 자연스러운 인간의 경험으로 받아들인다.

4. 호흡과 신체 감각에 초점

호흡을 관찰하거나 신체 스캔(body scan)을 통해 감각에 주의를 집중하는 연습을 포함하고, 이를 통해 마음이 현재에 머물도록 돕는다.

5. 생각과 감정의 관찰

떠오르는 생각이나 감정을 억누르거나 몰입하지 않고, 마치 흘러가는 구름처럼 바라본다. 마음의 흐름을 알아차리되 휩쓸리지 않는다.

6. 일상으로의 확장

마음챙김은 명상 시간뿐 아니라 일상생활에서도 활용된다. 식사, 걷기, 대화 같은 활동에서 의도적으로 주의를 기울이며 현재를 경험한다.

7. 심리적, 신체적 건강 증진 효과

스트레스 감소, 불안 및 우울 증상 완화, 집중력 향상 등 다양한 건강상의 이점을 제공한다. 특히 마음챙김 기반 스트레스 감소 (MBSR)와 마음챙김 기반 인지 치료(MBCT)가 심리치료에서 효과적으로 사용되고 있다.

8. 자존감 향상

자기 내면을 탐색하고 긍정적인 자아상을 확립하는 데 도움을 준다.

9. 회복 탄력성 강화

스트레스나 어려운 상황에서 좌절하지 않고 이전 상태로 회복하는 능력인 회복 탄력성을 성장시킬 수 있다.

사마타와 위빠사나

초기불교와 남방불교의 관계

남방불교에서는 자신들의 불교가 기원전 500여 년 전의 초기불교와 같다고 주장하지만, 사실은 그렇지 않다. 우리가 알고 있는 남방불교의 수행법과 말씀은 붓다 당시 초기불교의 수행법과 말씀이 아니다. 남방불교뿐만 아니라 북방불교도 붓다의 정통 후계자임을 자처하지만, 사실상 그 누구도 붓다의 수행법을 원전 그대로 이어받지 못했다. 아니 이어질 수가 없었다.

북방불교는 기원 전후에 인도에서 발생한 대승불교가 중국에 전해져 주류를 이루었다. 사실 대승불교의 경전 대부분은 붓다의 친설親說이 아니다. 붓다께서 직접 설하신 것이 아니라, 후대에 와서 만들어진 경전이다. 그런데도 대승불교의 경전을 부정하지 않는 이유는 그 안에 들어있는 내용의 핵심이 붓다의 말씀에 준한다고 믿어지기 때문이다. 하지만, 이런 이유로 남방불교에서는 북방불교를 정통 불교가 아니라고 본다.

남방불교 역시 붓다의 친설을 유지하고 있다고 하지만, 그들의 경전인 [니까야] 역시 붓다의 친설이 그대로 전해졌다고 하기에 무리인 내용이 많이 있다. 붓다 입멸 후 100여 년이 지난 후, 인도불교는 보수적인 상좌부上座部와 진보적인 대중부大衆部로 분열되고, 이 두 부파는 다시 여러 갈래로 분열되어 부파불교 시대가 열린다. 이는 붓다 입멸 후 불과 100여 년 만에 붓다의 말씀을 자기 방식으로 해석하는 시대가 열렸다는 것이다. 이런 해석의 차이가 시작되면서 불교 교단은 점차 갈라져서 20여 개의 주요 부파와 수많은 소규모의 부파로 갈라진다. 결국, 붓다의 친설을 해석하는 방식이 최소 20여 가지에 달한다고 볼 수 있다.

역설적으로, 만약 붓다의 친설이 그들의 주장처럼 토씨 하나까지 그대로 전해졌다면 여러 부파로 갈라지는 일은 없었을 것이다. 붓다의 친설은 하나이며 한 갈래여야 하기 때문이다. 더구나 이 시기의 붓다의 친설은 글로 전해지지 않고 기원전 1세기 무렵까지 오직 암송으로 입에서 입으로 전해졌다. 그런데, 이 암송된 경전에 대해 20여 개의 부파와 중소 부파가 각자의 해석이 가미됐다면, 붓다의 친설 역시 어느 정도 왜곡되었을 것이다. 그러므로 이런 부파불교의 생성 자체가 남방 상좌부불교가 초기불교가 아님을 증명한다고 볼 수 있다. 그래서, 붓다 입멸 후 100여 년의 기간을 근본불교, 원시불교라고 하고, 그 이후의 불교는 근본불교와 구분하여 부파불교라고 칭한다.

동남아의 남방불교는 상좌부불교의 갈래 중 하나인 분별설부에 근원을 두고 있을 뿐이고, 그 일파가 인도 남부의 스리랑카에 전해진 것이다. 더구나 역사적으로 보면 스리랑카에서는 불교의 공백기가 존재한다. 전쟁으로 경전이 불타서 소실되고, 스님들이 도피했던 시절이 있었고, 미얀마에서 경전을 다시 들여온다.

남방 상좌부불교가 초기불교를 제일 많이 포함하고 있을 수는 있다. 하지만, 많이 포함한다고 해서 초기불교를 그대로 이어받았다고 하는 것은 무리가 있다.

사마타·위빠사나의 이론적 배경

사마타·위빠사나 명상은 동남아지역에 널리 퍼져있는 테라와다불교 혹은 상좌부불교라고도 하는 남방불교를 대표하는 명상법이다.

남방불교의 명상법인 사마타·위빠사나 명상법이 우리나라에 소개된 것은 1990년대 초이다. 물론 이전에도 남방불교를 공부하는 사람들도 있었지만, 본격적으로 소개되고 대중들에게 알려진 것은 1990년대라고 할 수 있다.

남방불교의 수행법인 사마타·위빠사나에서 가장 중요시되는 책은 대략 5세기경 스리랑카의 붓다고사라는 분이 지은 [청정도론淸淨道論]이라는 책이다. 현재 남방불교의 이론이나 수행법은 모두 이 책을 기본으로 해서 펼쳐진다. 또한, [대념처경]에 나오는 사념처를 가지고 위빠사나 수행을 하게 된다. [대념처경]은 1905년 독일 출신의 냐냐띨로까라는 스님이 빠알리 경전인 [니까야]에서 발췌하여 정리한 책인 [붓다의 말씀] 가운데, 사성제의 도성제, 도성제의 팔정도, 팔정도의 정념正念 부분에 해당하는 내용이다.

삼학과 사마타·위빠사나 명상

남방 상좌부불교의 명상은 계戒·정定·혜慧, 삼학을 기본으로 하고 있다.

첫 번째, 계(戒, Sīla)는 계율을 의미하기도 하지만, 시대의 변천으로 옛날의 계율을 오늘날에 적용하는 데는 무리가 있다. 기본적인 오계를 제외하고 도덕적이고 절제된 삶이라고 볼 수 있다.

두 번째, 정(定, Samādhi)은 마음집중을 통해 번뇌 망상을 가라앉히는 명상법을 통해 얻을 수 있다. 정은 삼매나 선정의 상태를 말하는데, 어떤 한 대상에 마음을 집중해 나가는 사마타 수행을 통해서 얻을 수 있다고 한다. 이렇게 마음을 집중하면 마음이 고요해지고 청정해진다고 한다.

세 번째, 지혜(慧, Paññā)는 계율로 청정해진 몸과 선정으로 고요해진 마음을 가지고 다시 몸과 마음을 관찰하는 명상법인 위빠사나 수행을 통해 얻을 수 있다고 본다. 위빠사나 수행이란 신身·수受·심心·법法이라고 하는 몸, 느낌, 마음, 법을 관찰하는 사념처 수행을 통해, 끊임없이 생멸 변화하는 몸과 마음의 현상들을 관찰하여, 그 현상들에서 무상·고·무아라는 본성을 통찰하는 것이다.

사마타(止, samatha)와 위빠사나(觀, vipassanā)의 목적

사마타를 통해 갈애(渴愛, taṇhā)를 제거하고, 위빠사나를 통해서 무명(無明, avijjā)이 제거된다고 본다. 갈애는 욕망, 욕구를 계속해서 추구하는 마음이고, 무명은 진리에 대한 무지이자 어리석음이다. 여기에서 진리란 연기설과 사성제를 의미한다. 즉, 사마타를 통해 선정을 닦아 갈애를 가라앉히고, 위빠사나를 통해 지혜를 증득해서 무명에서 벗어나려는 것이다.

사띠(Sati)

남방불교의 이런 수행 과정을 관통하는 가장 핵심이 되는 단어는 사띠다. 이 사띠에 대한 설명과 해석은 다양하다. 그중에서 가장 일반적으로 통용되는 의미는 마음챙김과 알아차림이고 북방불교에서는 념念이라고 하고, 서양에서는 Mindfulness라 한다. 빨리어 사전에서는 사띠를 기억(인식, 의식)과 마음의 의도(주시), 주의집중, 깨어 있음, 마음챙김, 정신 차리고 있음의 두 가지 카테고리로 해석한다.

명상의 입장에서는 현재 이 순간에 명료하게 깨어 있는 마음 혹은 정신을 세워 대상에 온전하게 주의를 기울이는 마음을 의미한다. 즉, 명상을 시작할 때 정신을 집중하여 대상을 정확하게 알고 있는 마음을 의미한다.

선禪

선의 개요

선은 중국을 중심으로 하는 동북아 불교의 독특한 형태이다. 2세기 후반 중국으로 불경이 전파되어 번역되면서 자생적으로 만들어진 중국의 불교는 대승 경전 중심의 교학적 성격을 띠게 된다. 이때 들어온 대승불교의 경전인 [화엄경], [반야경], [법화경] 등을 중심으로 교학 중심의 철학 체계가 만들어진다. 그래서 이때까지의 중국불교는 학문적인 불교에 가까웠다. 이에 중국 풍토에 맞는 고유 수행법이 필요해졌고 당대의 선종으로 꽃피우게 된다.

이처럼 선종은 교종의 학문적인 한계에 대한 반발로 만들어지는데, 학문의 높고 낮음이나 이론적인 철학 체계가 불교의 기본적인 대전제인 괴로움에서 벗어나는 데 실질적인 도움이 되지 않았기 때문이다. 이에 선종은 학문이 만들어지기 전인 붓다 당시의 수행으로 돌아가자는 것이다.

양나라 무제 때 중국으로 넘어온 초조 달마대사에서 6대를 내려가 당나라 혜능대사의 시대가 되면서, 중국의 선종은 화려하게 꽃을 피운다. 이후 여러 선종의 종파가 만들어지면서, 이른바 '선의 황금시대'가 열리게 된다.

선의 분류

선은 크게 선명상과 선수행으로 나눠볼 수 있다. 사실상이 두 가지를 모두 포함하는 것이 선이지만, 두 가지의 전혀다른 개념을 선이라는 하나의 단어로 설명하는 과정에서 선이라는 단어가 오히려 모호해지고 이해하기 힘들어졌다. 선명상을 통해 무념무상無念無想에 이르고, 선수행을 통해 무아무심無我無心에 이를 수 있다.

선명상은 개인이 가지고 있는 마음의 한계인 나의 경계가 고정되어 있다고 보고, 괴로움을 없애기 위해 마음의 기틀(마음 그릇) 안에서 마음을 가라앉히고 고요하게 만드는데 집중한다. 최종목표는 선정의 최고단계인 비상비비상처정非想非非想處定, 즉 생각(의식)이 없는 것도 아니고 있는 것도 아닌, 그 중간 어딘가에 있는 극히 미세한 의식 상태에이르는 것이다. 이 경지는 번뇌는 거의 없지만, 아직 완전한해탈(열반)에 이르지는 못한 상태가 되는 것이다.

이에 반해 선수행은 마음의 한계를 넘어서기 위해 개인

이 가지고 있는 마음의 기틀을 깨트리는 데 중점을 둔다. 이렇게 되면 자아의 경계가 확장되어 상대적 괴로움에 대해서 자유로워진다. 최종목표는 겹겹이 쌓여있는 마음 그릇을 모두 깨트려서 무아가 되는 것이다. 이 경지는 비록 무아가 되었지만, 아직 무아가 남아 있는 상태로, 완전한 해탈(열반)에 이르지는 못한 상태이다.

깨달음의 영역인 해탈은 비상비비상처정과 무아를 넘어야 가능한 영역이다. 이런 이유로 명상과 수행을 동시에 닦아야 하고, 마지막에는 이 둘을 모두 버림으로써 해탈에 이를 수 있다.

선의 도구 – 화두

화두는 선명상과 선수행에서 모두 사용된다. 선명상에서는 대상에 대한 집중을 통해 선정에 들어갈 것을 목표로 하는데, 대상에 해당하는 것이 화두이다. 화두에 대한 집중으로 고요함을 얻어 선정에 들어가는 것이다.

선수행에서는 괴로움을 인식하는 자아가 만들어지기 이전의 세계, 즉 마음 기틀이 만들어지기 이전의 세계로 바로 들어가는 것을 목표로 삼는다. 그래서 언어 이전, 문자 이전의 의식 세계로 바로 들어가려고 하는 것이다. 이 언어 이전, 문자 이전의 의식 세계를 심층의식(잠재의식과 무의식)이라고 한다. 그렇게 직접 들어가는 데 필요한 도구가 화두이다.

제6장

자아의 한계, 마음챙김의 한계

마음챙김 패러독스

남방불교의 사띠(Sati)를 서구의 학자들이 마음챙김(Mindfulness)로 번역하고 정의할 때 다음의 네 가지 오류가 발생한다.

관점의 오류

한 사람이 다른 사람을 완전히 이해한다는 것은 불가능하다. 각각 살아온 삶에서 만들어진 관점이 다르기 때문이다. 같은 산을 바라보아도 보는 위치가 동서남북에 따라 산의 모양이 달라지는 것과 같다. 이러한 점을 이해하기 위해서, 먼저 중국의 격의불교에 대해 알아야 한다.

> *** 격의불교格義佛教**
>
> 격의불교는 불교가 중국에 전파되는 초기인 위·진 시대(220-420)에 유행한 불교로서 간단히 설명하면 중국의 관점에서 인도의 불교를 이해하고 해석하는 것을 말한다.
>
> 그 당시 인도의 사회와 문화, 그리고 철학과 역사를 알지 못하는 상태에서 불교 경전은 한문으로 번역된다. 이렇게 번역되는 과정에서 불교가 가지고 있는 원래의 사상과 교리 등을 중국인들이 이해하기 위해서, 중국의 기존 사상인 노장사상의 개념을 빌려서

설명하게 된다. 그런데, 이런 해석이나 설명은 본래의 불교사상의 개념을 왜곡시켰다. 예를 들어, 불교 경전인 [반야경般若經]의 '공空'에 대한 의미를 노장사상의 '무無' 개념을 적용하여 그 내용을 해석하고 설명하는 것을 말한다.

이렇듯 불교인 듯 불교가 아닌 것처럼 발전하던 중국불교는 시간이 흘러 더 많은 인도의 불교 원전이 전해지면서 원전의 의미에 더 가까워지게 되고, 또한 자체적으로 사상적·수행적 발전을 통해 중국불교는 더욱 발전하게 된다. 그래서 엄밀히 따지면 인도불교와 중국불교를 완전히 같은 불교로 볼 수는 없다. 하지만 불교의 기본 철학과 사상 체계를 유지하면서 발전해 왔기 때문에 불교의 다른 형태라고 볼수는 있다.

이러한 해석의 오류는 현대에서도 이어져, 지금 우리나라 불교에서 가장 중요하게 생각하는 대승불교의 경전인 한역본 [금강경]에 나오는 핵심 개념인 '아상我相, 인상人相, 중생상衆生相, 수자상壽者相' 등도, 인도불교 철학의 역사적인 관점에서 새로운 해석이 나오고 있고 이런 새로운 해석이 오히려 더 설득력을 얻고 있다.

이처럼 완전히 체계가 다른 사상이 전파되는 과정에서 많은 오해와 이론적인 오류가 발생한다. 서구 사회의 바탕이 되는 절대적인 유일신을 숭배하는 유신론적 서구 기독 사상과 여기에서 파생된 돈만을 숭배하는 자본주의 사상의 유물론적 관점은, 불교가 가지고 있는 유심론적 의미를 원래대로 받아들이기 쉽지 않을 것이다.

Mindfulness의 정의에 대한 오류

그래서 남방불교의 명상법을 기반으로 한 서구 심리학자 중심의 현대 명상은, 사띠(Sati)가 가지고 있는 고유의 의미를 자신들이 가지고 있는 철학적·사상적 체계로 설명할 수밖에 없었다. 그 결과, 번역과 해석 그리고 의미에서 작지만 큰 의미의 변이가 일어난다.

이런 관점에서 서구 심리학자들이 마음챙김을 어떻게 이해하고 생각하는지 알아볼 필요가 있다. 사실 서구 심리학자들이 정의하는 마음챙김은 남방불교의 사띠(Sati)와는 다른 그들만의 독특한 방식이 있다.

---

* 현대 Mindfulness의 특징

대표적으로 서구 현대 명상은 MBSR(마음챙김에 기반한 스트레스 감소)과 함께 대부분의 서구 심리학자가 주장하는 마음챙김의 정의에는 다음과 같은 필수 요소들이 존재한다.

1) 현재 지금, 2) 주의, 3) 집중, 4) 자각, 5) 비판단, 6) 탈중심 등의

개념이 공통으로 들어간다. 여기에서 문제가 되는 것은 비판단과
탈중심이다.

비판단과 탈중심 개념의 오류

비판단은 판단하지 않는다는 것이고, 탈중심은 자기 객관
화라고 할 수 있다. 서양의 학자들은 비판단과 탈중심이 자신
의 의지로 가능하다고 본다. 그래서 Mindfulness를 할 때, 이
개념들이 필요하다고 하는 것이다. 하지만 남방불교든 북방
불교든 티베트불교든 간에, 모든 불교의 공통적인 깨달음의
목표가 바로 비판단과 탈중심인 것이다. 비판단은 무념무상
의 개념이고 탈중심은 무아무심의 개념과 상통한다. 아래에
소개하는 [신심명信心銘]에는 이 내용이 극명하게 나타난다.

중국 선불교의 제3대 조사祖師에 해당하는 수나라 시대의
승찬대사께서 지으신 책 중에 [신심명]이라는 것이 있다. 이
글은 37개의 사구게四句偈로 구성되어 있다.

이 책의 첫 구절은 아래와 같다.

지도무난至道無難 (지극한 도는 어렵지 않으니,)

유혐간택唯嫌揀擇 (단지 간택(판단)이 있을 뿐이다.)

단막증애但莫憎愛 (미움과 사랑에서 벗어나면,)

통연명백洞然明白 (분명히 알 수 있을 것이다.)

37개의 사구게 중에 첫 번째 게송偈頌에 해당한다. 사람에 따라서 이 구절이 [신심명]의 요체라고 보고 나머지 36개의 게송을 해설로 보는 때도 있다.

여기에서 보면, 간택이란 옳고 그름을 따지는 생각(판단)을, 증애는 미움과 좋음으로 표현되는 감정을 의미한다. 결국, 생각과 감정에서 벗어나야 도를 깨달을 수 있다고 한 것이다. 이처럼 동양의 명상은 옳고 그름을 따지는 생각과 좋고 싫음을 만드는 감정에서 벗어나는 것이 목표이다.

하지만 서양의 학자들은 이런 불교의 최종목표를 마음챙김의 전제조건으로 규정하는 오류를 범하고 있다. 그 이유는 서양학자들이 바라보는 인지 구조의 개념 차이에 있다. 여기에는 다음 장에서 얘기할 메타인지의 개념이 등장한다. 서구 심리학자들은 인지 체계가 상위인지와 하위인지로 나뉜다고 본다. 자기 객관화 능력이라고 보는 메타인지를 상위인지로 이해함으로써 상위인지(메타인지)를 통해 하위인지를 제어할 수 있다고 생각한다. 그런 상위인지의 제어 능력으로 하위인지에서의 비판단이 가능하다고 생각하는 것이다. 하지만 하위인지에 명령을 내리는 상위인지에는 제어라는 판단이 생기게 된다. 이렇게 제어하는 상위인지도 결국 나 자신의 인지이기 때문에 비판단은 불가능하다.

반면에, 불교에서는 현재의식 안에서 상위인지의 존재를 부정하고 상대인지를 인정한다. 여러 개의 인지가 내면에 존재하고 그들이 서로 바라보는 상태일 뿐, 인지는 높고 낮음이 없다고 보는 것이다. 그래서 마음챙김의 단계에서 비판단은 불가능하다고 보는 것이다. 이것에 대해서, 불교에서는 '번뇌가 번뇌를 제거할 수 없다.'라는 유명한 말이 있다.

이렇게 비판단이 가능하다고 생각하는 개념은 마음을 챙기는 자를 상위인지(메타인지)에 놓고 마음챙김을 당하는 자를 하위인지에 놓아서, 마음을 챙기는 자(메타인지)의 자아를 강화하게 된다. 이렇게 강화된 또 다른 자아는 결국 자아 중심을 강화하게 되므로 탈중심이 될 수 없다.

결국, 비판단과 탈중심은 마음챙김의 단계에서는 불가능하다.

자기 부정 없는 자기 긍정의 오류

명상을 분류하는 또 하나의 관점은 자기 긍정 명상과 자기 부정 명상이다.

몸이 아픈 환자를 예를 들면, 몸이 심하게 약한 환자는 바로 수술할 수가 없다. 먼저 수술을 받을 정도로 체력을 회복한 후에야 비로소 수술할 수 있다. 자기 긍정 명상은 체력을 회복하는 것과 같다. 삶에 찌들고 상처를 입고 약해진 사람들에게 마음의 체력을 회복시켜 주는 명상법이다. 하지만 근본적인 치료법은 아니다. 이렇게 마음의 체력이 회복된 후에는 마음의 수술이 필요하다. 이것이 자기 부정 명상이다.

서양의 마음챙김의 개념은 자기 긍정의 명상을 하도록 만들어서 자아를 강화하게 만든다. 그런데 비판단은 무념의 개념이고 탈중심은 무아의 개념과 맞닿아 있어서 비판단과 탈중심, 즉 무념과 무아에 도달하기 위해서는 자기 부정의 명상이 필수적이다. 자아가 있는 상태에서는 무념과 무아가 불가능하기 때문이다. 결국, 비판단과 탈중심은 자기 부정 명상의 결과인데, 비판단과 탈중심을 마음챙김의 조건으로 놓아 자기 긍정 명상을 한다는 것은 논리적인 모순에 빠지게 되는 것이다.

서양의 자기 긍정 명상 자체에 가치가 없는 것은 아니다. 스스로 마음의 상처를 치유할 수 있도록 돕는 명상으로서의 가치는 충분하다. 하지만 마음의 상처가 나은 후에 자기 긍정 명상은 필요하지 않다. 오히려 자기 긍정을 버려야 한다. 집착하는 자아를 부정하기 위해서는 자기 부정 명상을 통해 새롭게 태어나야 한다.

메타인지와 마음챙김

최근 들어 메타인지에 대한 사람들의 관심이 높아지고 있다. 그리고 분야에 따라서는 메타인지를 마음챙김의 연장선에서 해석하고 있다. 나아가 사띠의 개념을 메타인지와 같은 의미로 개념화하고 있다. 하지만 명상적인 관점에서 볼 때, 메타인지를 마음챙김이나 사띠와 동일시하는 것은 문제가 있어 보인다.

심리학에서 바라본 메타인지의 방식

메타인지의 정의를 살펴보면, 1970년대에 발달심리학자인 존 플라벨(J. H. Flavell)이 창안한 용어로, 자기 생각에 대해 생각하는 능력을 말한다. 상위인지, 초인지라고도 한다.

간단히 말해 자기 성찰 능력이다. 자기 생각이나 지식에 대해 곧이곧대로 받아들이지 않고 자체적으로 검증을 거치는 것이다. 그렇기에 자신의 정신 상태, 곧 기억력이나 판단력이 정상인지를 결정하는 데에도 사용한다. 예를 들어 술을 먹었을 때 자신의 발언과 행동이 혹시 잘못되지는 않을지 생각해 보는 사람이라면 뛰어난 자기 성찰을 발휘한 것이다.

또 다른 정의로는 자신이 무엇을 알고 있고 모르고 있는지를 아는 것이라고 하며, 다르게 표현하면 자신을 객관화하는 인지 능력이라고 할 수 있다. 일반적인 인식과 인지를 하위인지로 놓고, 이 객관화 인지 능력을 상위인지에 놓는다. 그리고는, 객관화하는 능력 자체가 뛰어난 능력이고 상위의 개념인 것처럼 보이게 만든다. 그런데 그 객관화가 진짜 자신을 객관적으로 보는 것일까?

사실 자신이 하는 일을 아는 인지가 상위인지라는 증거는 없다. 그리고 그 상위인지라고 하는 것이 더 자기 조절 능력이 있다고 보기도 어렵다. 만약 상위인지에 자기 조절 능력이 있다면 언제든지 자신이 하위인지를 조절할 수 있어야 한다. 하지만 실제로 분노와 같은 감정이나 다른 생각이 일어났을 때를 보면, 상위인지가 언제나 작동하지 않는다. 그것은 상황에 따라 다르다. 그리고 아무리 메타인지를 개발하더라도 자신의 메타인지가 작동하지 않는 지점이 존재할 수밖에 없다. 다시 말하면, 메타인지가 완전하게 작동한다는 것은 완전히 이성적인 인간이 된다는 것을 의미하기 때문이다

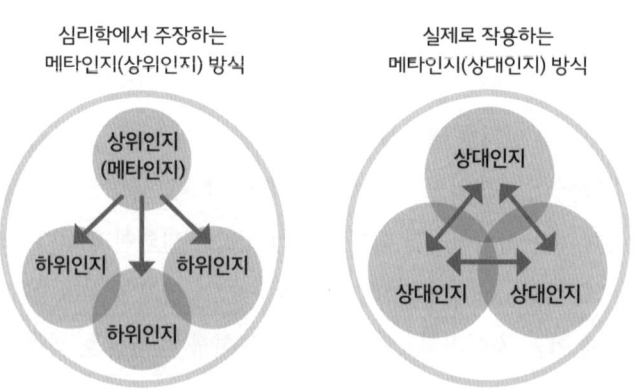

심리학에서 주장하는
메타인지(상위인지) 방식

실제로 작용하는
메타인시(상대인지) 방식

마음에서 발생하는 메타인지의 방식

메타인지를 번역하면 상위인지 혹은 초인지라고 한다. 하지만 사실상, 상대 인지 혹은 상대적 인지(Relative Cognition)라고 보는 것이 더 낫다.

내면에는 여러 개의 자아가 존재한다. 이런 자아들은 각각 혹은 같이, 자기 외의 자아를 인지한다. 이런 자아들이 서로 인지하는 것을 상대 인지, 상대적 인지라고 할 수 있다. 이런 상호작용은 인지 행위에 상하가 있는 것이 아니라는 것이다. 서로 대등하게 바라본다. 즉 내 안에 A, B, C라는 인지가 있다고 봤을 때, 이들은 스스로를 볼 수 없지만 A는 B, C를 보고, B는 A, C를 보고, C는 A, B를 볼 수 있다. 각각의 인지가 자신을 스스로 볼 수는 없지만, 서로서로 바라볼 수는 있다는 뜻이다. 결국 A, B, C 모두가 자아에 포함되기 때문에 자기 성찰이 되기는 하지만 그 성찰하는 자아가 우월한 자아가 아니라는 것이다.

이 말은 자기 성찰은 자기 객관화가 아니라는 것이다. 사실 자기 객관화라는 말은 존재할 수 없다. 자기 내면에 있는 하나의 자아를 다른 하나의 자아가 바라볼 수 있을 뿐, 그 바라보는 자아도 '나'이기 때문에 주관일 수밖에 없는 것이다.

물론 서로를 바라보면서 인지하는 힘을 강화하는 경우는

있다. 이것이 심리학에서 말하는 자기 조절 능력을 향상하는 것이다.

메타인지는 요즘 명상하는 사람들에게도 유행하는 개념이다. 어떤 사람들은 메타인지를 마음챙김과 동격으로 놓는 경우도 있다. 특히 심리학 분야의 명상을 하는 사람들은 혼용하여 사용하는 예도 있다. 하지만 마음챙김은 심리학적 개념으로 담을 수 없는 개념을 포함하고 있다.

또한, 메타인지는 교육학에서도 많이 사용하는 개념인데, 사실상 메타인지를 개발하는 것이 공부를 잘하게 하는 것과 큰 관계가 없다. 공부를 잘한다는 것은 암기 능력이 뛰어난 것이다. 사실 공부는 선천적으로 타고난 두뇌에 의해 좌우된다. 메타인지를 아무리 개발한다고 해도 암기 능력 없이는 공부를 잘할 수 없다. 그런데도 학원가나 학습지를 취급하는 업체들은 무언가 상품성을 만들기 위해 이 개념을 끼워 넣었다고 생각된다.

명상과 과학

명상의 과학적 해석

명상을 과학적으로 증명하는 것은 쉽지 않다. 명상이 다루는 분야가 사람의 마음이기 때문이다. 과학은 물리법칙과 증명, 그리고 수치에 근거해서 사물을 다룬다. 하지만 사람의 마음을 수치화, 계량화할 수는 없다. 사람마다 느끼는 마음의 양이 다르기 때문이다. 사람마다 느끼는 마음의 양이 다른 이유는 사람마다 가지고 있는 자아의 크기도 다르고 마음의 크기도 다르기 때문이다. 그러므로 명상을 통해 일어나는 사람의 마음을 과학적으로 분석한다는 것은 한계가 존재할 수밖에 없다.

그럼에도, 명상을 과학적으로 증명한다는 것은 크나큰 유혹일 수밖에 없다. 명상을 과학적으로 증명한다는 것은 인간의 괴로움을 과학의 힘으로 없앨 수 있다는 방증이기 때문이다. 이 말은 과학의 힘으로 인간의 물질적인 행복은 물론, 정신적인 행복도 이룰 수 있다는 의미이기도 하다. 결국, 과학이 인간 괴로움의 근원인 생과 사를 극복할 수 있다는 것을 뜻한다. 그런데, 만약 인간이 생과 사를 극복한다 해도, 그 영원한 삶을 감당할 수 있을까?

하지만 명상을 과학으로 증명하려는 노력은 바람직하다고 생각한다. 명상 그 자체를 과학으로 증명해 낼 수 없지만, 과학으로 명상의 효과를 증명해 내는 것은 가능하기 때문이다. 물론 이것은 불교 명상과 서구 심리 명상의 공통적인 영역에 해당하는 효과인 마음의 조화와 균형을 통한 평정심에 한정된다. 불교 명상에서 깨달음의 영역은 현재의 과학이 어찌할 수 없는 접근 불가의 영역이기 때문이다. 그러므로 명상의 효과를 과학적으로 풀어내고 있다는 이유만으로 서구 심리 명상이 우월해 보이고, 기존의 불교 명상은 열등한 것처럼 보이는 착시현상은 지양해야 한다.

과학적이라는 서구 심리 명상의 문제점

불교 명상과는 다른 그 무엇이 되어버린 서구 심리 명상에는 문제점이 몇 가지 존재하게 된다.

첫 번째는 불교 철학 사상의 배제이다. 서구 심리 명상은 불교적 색채와 구조 및 불교와 명상과의 관계를 없앴다고 한다. 이에 따라 서구 심리 명상은 불교 명상의 기법만 빌리는 어리석음을 범하고 만다. 자동차의 껍데기만 취한 채, 실질적인 엔진이나 브레이크와 같은 구동장치는 버린 꼴이 되고 만다.

불교는 크게 종교적인 측면과 명상적인 측면, 두 가지로 나눌 수 있다. 불교의 입장에서 보면, 종교적인 측면은 방편일 뿐이고 불교의 핵심은 명상이다. 즉 불교의 핵심은 깨달음인 것이다. 그런데 서구 심리 명상에서는 불교의 종교적인 부분을 떼어놓으려는 의도에서 불교 명상의 핵심인 불교 철학 사상을 배제하게 된다. 이는 자연스러운 귀결인데, 그들이 가진 유신론적 사고방식은 불교 철학의 유심론적 사고 방식을 이해하기 힘든데 기인한다.

불교 명상과 서구 심리 명상은 큰 차이가 존재한다. 불교 명상은 깨달음을 추구하는 명상이고, 서구 심리 명상은 마음의 조화와 균형에 따른 평정심에 초점을 두고 있다. 이 차이는 불교 철학의 핵심인 삼법인의 '제행무상, 제법무아, 일체개고'의 기틀 아래, '연기, 공, 무아, 무자성'이라는 깨우침의 목표가 존재하느냐 아니냐의 차이인 것이다. 이것은 곧 불교 철학 사상을 기반으로 하는 깨우침에 목표를 둔 명상이냐 아니냐의 차이이기도 하다.

두 번째는 불교 철학 사상을 대신해서 심리학적 학문 체계를 명상의 기초에 두었다는 점이다. 다시 말하면, 불교 명상의 기법만을 취한 뒤, 불교 철학 사상을 대신해서 심리학을 명상의 철학적 기반으로 두었다는 사실이다. 이로 인해, 서구 심리 명상은 불교 명상의 기본 취지인 깨달음과는 다른, 마음의 조화와 균형에 따른 평정심에 초점을 두게 된다. 심리학은 인간의 행동과 심리 과정을 과학적으로 연구하는 경험 과목이라고 할 수 있다. 또한, 인간의 행동과 정신 과정, 영혼에 대한 학문이라고 정의된다. 결국, 마음을 그 자체로 보는 불교와는 다른 관점으로 마음을 이치로 분석하여 해석하는 데 중점을 두는 것이다.

세 번째로 심리학은 이렇게 마음을 이치로 분석하여 해

석하는 학문인 데다가, 서구 학문의 인본주의적 관점이 더해져 인간 마음의 크기를 모두 똑같다고 본다. 나아가 사람의 마음에 크기가 있다는 개념이 존재하질 않는다. 이와 반대로 불교 명상은 마음의 크기가 존재한다고 보고, 그 마음 크기의 한계가 자아라고 본다. 그런 자신의 한계를 깨트려 무아가 되려는 것이다. 결국, 마음의 크기를 두고 나중에는 그 크기의 벽을 깨트리는 것이 깨달음인 것이다. 그러면 작용으로서의 자아는 존재하지만, 실체로서의 자아는 사라지는 것이다.

네 번째는 그렇게 불교 명상의 기법을 가져가는 과정에서 남방불교의 사띠(Sati)라는 개념을 가져다가 Mindfulness이라고 번역하면서, 원래의 의미와는 다른, 새로운 의미를 가지게 된다. 남방불교의 위빠사나 명상은 사띠(Sati)라고 하는 마음챙김과 삼빠자나(Sampajañña)라고 하는 알아차림(분명한 앎)을 통해 빤야라는 지혜의 경지에 이를 수 있다고 한다. 여기에서 사띠(Sati)는 삼빠자나의 예비단계이다. 그러나 사띠(Sati)의 영어 번역인 Mindfulness는 이 두 가지 의미를 모두 가지게 된다. 즉 Mindfulness 안에 마음챙김과 알아차림 두 가지의 의미가 모두 들어있는 것이다. 이로 인해 서구의 마음챙김 명상에 사띠(Sati)와 위빠사나의 의미가 모두 들어가게 된다. 그런데, 이것은 심리학의 메타인지와 비슷한 개념이 되어 원래의 의미와는 더욱 멀어지게 된다.

다섯 번째는 주관적인 마음에 대한 객관적인 수치 적용의 어려움이다. 인간의 마음을 수치와 정량화할 수는 없다. 인간의 마음은 주관적이고 상대적이기 때문이다. 결국, 이런 인간의 마음을 그나마 정량화하고 수치화할 수 있는 최고의 방법은 임상적 실험을 통한 통계에 의한 수치에 의존할 수밖에 없다.

심리학을 포함하는 사회과학은 자연과학과는 다르게 인간 그 자체나 관계, 그리고 인간의 삶이 녹아있는 사회 현상을 연구하는 학문이다. 하지만 사회과학적 실험은 통계적인 방법을 사용하는데, 통계에는 여러 함정이 존재한다는 것이다. 그중에서 대표적인 것은 표본의 오류, 잘못된 조사 방법, 잘못된 인과관계 추론, 의도적 혹은 비의도적 편향이다. 이런 오류로 인해, 과학적이라고 주장하는 명상에 대한 심리학적인 실험은 과학적이지 않은 경우가 많다. 그리고 특히 서구 사람들이 생각하는 명상은 기독교적인 문화에서 사는 학자들의 편향된 시각을 반영하는 경우가 많다.

이에 반해 선명상은 1,500년 가까이 동북아시아에 전해 내려왔다. 이는 그동안 깨달음을 추구한 수많은 스님의 임상실험을 거쳤다는 의미이기도 하고, 수많은 세월 동안 검증된 부작용이 없는 방식이라는 증명이기도 하다.

여섯 번째는 과학적이라는 또 다른 한 축인 뇌과학 분야이다. 보통 명상에 대한 과학적 증명은 크게 두 가지로 구분

된다. 하나는 뇌과학에서 얘기하는 것으로 뇌 자체에 대한 기능과 능력에 대해 기계적인 장치로 측정하는 것이고, 다른 하나는 앞에서 말한 사람을 대상으로 한 통계적인 실험이다.

예를 들어, 뇌세포인 뉴런에 관해 연구하여 뇌의 작용을 파악한다. 대뇌는 기억이나 판단, 추리 등의 정신 활동을 담당하고, 소뇌는 몸의 근육 운동을 조절하고 균형을 유지하는 역할을 하고, 연수는 호흡과 심장 박동 등을 조절하는 생명 유지에 필요한 필수적인 활동을 한다고 한다. 변연계는 감정, 행동, 욕망 등의 조절에 기여하며, 기억에 중요한 역할을 한다. 이러한 것들은 뇌과학 분야에서 증명해 낸 과학적 사실이다.

그런데 이것은 뇌의 기능이 존재하는 장소를 알려주고 궁금증을 해소해 주기는 해도, 우리가 이런 어려운 전문 용어를 모르더라도 생각할 줄 모르거나 감정을 느끼지 못하거나 욕망을 알지 못하는 것은 아니다. 단지 이런 마음들이 일어나는 육체적인 장소일 뿐이다. 명상하는 사람들에게 중요한 것은 생각과 감정과 욕망을 어떻게 다루는가 하는 것이지, 이런 기능들이 뇌가 아닌 다른 곳에 있다고 해도 그렇게 중요하지 않다. 왜냐하면, 명상에서 다루는 주제는 괴로움과 괴로움에서 벗어나는 방법이기 때문이다.

일곱 번째는 존 카밧진을 비롯한 심리학자들이다. 앞에서 존 카밧진의 이력에 관해서 설명했지만, 그의 이력을 살펴보면 굉장히 화려하다. 다른 심리학자들도 마찬가지이다. 이름만 들어도 알 수 있는 미국의 명문대를 나오고 박사학위가 있고 연구소를 설립한 심리학자라는 공통점이 있다. 이런 화려한 스펙에 보통의 일반 사람들은 현혹되기 쉽다. 특히 우리나라에서 대학입시를 경험한 사람들에게 이런 화려한 스펙은 열등감을 자극하여, 이면에 존재하는 그들의 실체에 대해서 파악하는 것을 어렵게 만든다. 조금만 그들에 관해서 연구해 보면, 그다지 높지 않은 불교 명상에 대한 이해와 낮은 수행력이 엿보인다. 또한, 남방의 테라와다불교에 치우친 연구로 북방불교의 선명상에 대한 이해는 낮은 수준에 불과하다.

사실 이들이 명상을 수행했다고는 해도 그리 높지 않은 수준이고, 그들이 가지고 있는 이원론적 유신론에 기반하여 받아들인 학문적인 명상일 뿐이다.

이런 이유로 불교 명상의 관점에서 볼 때, 특히 선명상의 관점에서는 서구 심리 명상은 반쪽짜리에 불과하다고 생각한다. 결국, 서구 심리 명상은 남방불교의 일부분을 발췌해서 그들의 방식으로 조합한 것에 불과하다. 불교 명상의 관점에서 보자면, 어느 정도 효용은 있으나 근본적으로 괴로움의 주체인 '자아'의 문제를 해결하지 못한 어정쩡한 명상 이상의 의미는 없다.

2부

선禪 이야기

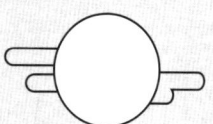

제7장

연기설緣起說로 본 불교 철학

연기설의 이해

연기설은 일반적인 명상과 불교 명상을 구분하는, 불교 수행의 철학 체계이다. 연기설이 없으면 불교 명상이라고 할 수 없다. 모든 종류의 명상법에서 주장하는 수행 방법과 명상 방법은 모두 비슷하다. 하지만 명상을 구분 짓는 가장 결정적인 차이는 그 명상법에 내재해 있는 명상 수행 체계의 철학이다. 서구 심리 명상, 기타 명상 등과 불교 명상을 구분 짓는 가장 큰 차이가 바로 연기설인 것이다.

연기설을 이해하기 위한 세 가지 전제

연기설을 이해하기 위해서는 먼저 세 가지 개념을 생각해 봐야 한다. 하나는 시공이고 다른 하나는 무상, 그리고 마지막으로 무아이다. 이 세 가지를 통해 시간과 공간 속에 존재하는 인간의 인지 한계를 알게 해주고, 자연 순환의 일부인 인간의 육체와 정신이 항상하지 않음(무상)을 알게 해주어, 결국 나라고 할만한 것이 없다(무아)라는 것을 알게 해준다.

시공 – 시간과 공간의 개념

인간은 시간의 처음을 인식할 수 있을까? 아니면 시간의 끝을 상상할 수 있을까? 그리고, 우주의 끝을 인식할 수 있는가? 아니면 극미의 세계를 인식할 수 있는가? 붓다께서는 이런 것에 고민하지 말라고 말씀하셨다. 고민해 봐야 시간 낭비라는 것이다. 그럴 시간에 당장 눈앞에 있는 괴로움을 없애도록 노력하라고 말씀하셨다

　왜 그랬을까? 그 이유는 인간의 인지 능력 때문이다. 인간은 시간과 공간의 시작과 끝을 인지하거나 인식해서 의식으로 만들 수 없다. 인간이 자아를 통해 인지할 수 있는 공간과 시간의 개념은 한계가 있기 때문이다.

　인간이라는 존재가 시간과 공간을 인지하기 이전에는 시간과 공간은 아무 의미가 없었다. 인간이 자아를 인지하게 되면서 시간과 공간을 느끼게 되었고, 시공간이 만들어진 것이다. 이 세상의 시공간은 인간이 느끼는 시공간일 뿐, 사실상 시공간은 인간이 인식할 수 있는 범주를 훨씬 넘어선다.

　시간과 공간은 인간의 인식 안에서 존재하는 것이 아니라, 인간의 인식 이전에 존재하는 우주의 법칙일 뿐이다. 이렇듯 인간 인식 이전의 우주 법칙을 연기라고 한다. 결국, 인간의 자의식을 포함하는 의식의 세계도 연기에 의해 만들어진 것일 뿐, 실체가 없다고 보는 것이다.

무상 – '영원'한 것은 없음

비는 구름에서 내리고, 구름은 바닷물이 증발해서 만들어지고, 바닷물은 강물이 유입돼서 만들어지고, 강물은 작은 하천이 모여서 만들어진다. 작은 하천은 개울이 모여서 만들어지고, 개울은 산속의 더 작은 개울물이 모여서 만들어진다. 산속의 개울물은 땅속에 스며든 물이 조금씩 흘러나와 만들어진다. 땅속의 스민 물은 하늘에서 비가 내려와 만들어진다. 이처럼 자연은 끊임없이 변화하며 순환한다. 자연뿐만 아니라 우주의 법칙도 이와 같다. 끊임없이 성주괴공成住壞空하며 순환할 뿐이다. 연기설은 이런 자연의 이치에서 출발한다. 그리고 인간도 이런 자연의 일부일 뿐이며, 인간은 생로병사하고 인간의 의식도 생주이멸生住異滅일 뿐이라고 보는 것이다.

무아 – '나'의 실체 없음

무아는 현재 존재하고 실존하는 '나'가 없다는 의미가 아니라, 의식으로 존재하는 자아의 실체가 없다는 의미이다. 인간은 정신을 통해 자아를 인식한다. 육체적인 나와는 달리, 정신적인 나로서 자아를 인식한다. 불교에서는 이런 정신적인 자아의 실체를 부정하는데, 이것이 무아이다.

그러면 무아라는 것을 어떻게 알 수 있을까?

먼저 우리 인간의 육체를 살펴보면, 인간의 육체는 세포로 구성되어 있다. 세포는 생명을 구성하는 단위이고, 더 깊이 들어가면 인간은 분자와 원자 같은 원소로 이루어져 있다. 불교에서는 지地, 수水, 화火, 풍風의 네 가지 요소로 구성되어 있다고 본다. 그것이 무엇이든 인간은 죽으면 예외 없이 흙으로 돌아간다. 즉 인간의 육체는 원소의 집합체일 뿐이다.

인간의 정신도 이와 같다고 보는 것이다. 인간은 육체가 생성되고 생명의식이 만들어지면서 자아의 틀이 만들어진다고 본다. 여기에 정신의 원소들이 모여들면서 자아가 만들어지는 것이다. 그렇게 만들어진 자아는 그런 정신 중에 자기에게 적합한 정신만 선별해 모으게 되면서 자아를 강화하는 것이다. 하지만 이런 정신도 인간이 죽으면 원래 있던 곳으로 흩어진다고 보는 것이다. 그래서, 인간의 육체와 마찬가지로 인간의 정신도 모였다가 흩어질 뿐, 실체가 없다고 보는 것이 무아설이다.

극미極微 - 물질의 기본 단위나 세분 불가능한 최소한의 양상을 지칭

성주괴공成住壞空 - 일체의 세계나 모든 만물이 인연 따라 이루어지고(成), 머무르다가(住), 점차로 변화되어 무너지고(壞), 마침내 사라진다(空)는 것

> **생주이멸生住異滅** – 인간의 생각이나 의식은 인연에 의해 생겨나
> 고(生), 머무르고(住), 달라지고(異), 사라진다
> (滅)는 것

인과설, 인연설, 그리고 연기설

연기설은 괴로움의 원인을 찾아 나가는 과정에서 알려진
것으로, 괴로움의 원인을 추적해 보니, 순환하는 12단계의
원인과 결과의 연속인 십이연기가 있고, 마지막에는 무명임
을 알게 된다. 무명은 밝지 않음의 상태, 즉 어두운 상태를
말한다. 어두운 상태란 불교의 진리인 삼법인과 사성제를
모르는 상태를 말한다.

연기는 인연생기因緣生起의 줄임말로, 모든 결과는 인(직
접적 원인)과 연(간접적 원인)에 의지하여 생겨난다는 의미
이다. 혹은 현상계의 존재 형태와 그 법칙을 말하는 것으로
서, 모든 현상은 무수한 원인과 조건이 상호 관계하여 성립
되므로, 독립·자존적인 것은 하나도 없고, 모든 조건·원인이

없으면 결과도 없다는 것이다.

나아가 일체 현상의 생기소멸生起消滅의 법칙을 연기라고 한다. 그 간단한 형태는 "이것이 있으면 그것이 있고, 이것이 생기면 그것이 생긴다. 이것이 없으면 저것이 없고, 이것이 멸하면 저것도 멸한다."라고 표현한다. 그래서 연기의 법칙, 즉 연기법을 원인과 결과의 법칙 또는 줄여서 인과법 또는 인연법이라고도 한다.

일반적으로 인과는 원인과 결과를 의미한다. 모든 결과는 원인을 전제로 하고 있다. 이것을 인과설이라고 한다. 그런데 현실 세상에서 보면 하나의 결과는 하나의 원인으로 발생하지 않는다.

보통 하나의 결과가 나오기 위해서는 여러 개의 원인이 존재한다. 여러 개의 원인 중에 근본적인 원인을 인이라 하고, 보조적인 원인을 연이라 한다. 이것을 각각 원인과 조건이라고도 한다. 쉽게 생각해서 식물이 생장하려면 주원인은 씨앗이고, 보조 원인(조건)은 땅, 물, 햇빛이다. 씨앗을 인(원인)이라 하고 땅, 물, 햇빛을 연(조건)이라고 한다. 이것을 인연설이라고 한다.

그런데 다른 관점에서 보면 씨앗은 배고픈 새에게는 배고픔을 없애주는 보조적인 원인(조건)이 될 수 있다. 이곳의 주원인이 다른 곳에서는 보조 원인이 될 수 있는 것이다. 연기설은 이렇게 인연들이 얽히고설켜 있다고 보는 것이며, 세상은 연기설에 의해서 돌아간다고 보는 것이다. 그래서 원인 행위에 의한 결과는 이런 복잡한 구조에 의해 시차를 두고 벌어진다. 밥을 먹으면 바로 배가 부른 것처럼 바로 결과를 보여주지 않고, 오히려 오랫동안 술을 먹으면 건강이 나빠지는 것처럼 오랜 시간을 두고 조건에 맞을 때 결과가 일어난다. 이것은 붓다께서 깨달으신 우주의 원리이다.

연기설은 다른 관점에서 보면 물리법칙과 비슷하다. 물리법칙의 연속을 연기설이라고 할 수 있고, 이것은 물질뿐만 아니라 생명과 정신에도 적용된다고 보는 것이다. 결국, 연기설은 성주괴공, 즉 일어나고 머무르고 무너지고 사라지는 법칙의 반복되는 연속성을 의미한다. 결국, 시공간은 무의미해지고 자연의 순환 같은 시간과 공간이 없는 물리 법칙만이 존재한다고 보는 것이다.

그리고 인간이라는 생명체는 생로병사라고 하는, 태어나고 늙고 병들고 죽는 존재이고, 인간의 의식은 생주이멸이라고 하는, 일어나고 머물고 변화하고 소멸하는 존재일 뿐이라고 본다.

삼법인三法印 - 불교의 핵심교리. 제행무상諸行無常, 제법무아諸法無我, 열반적정涅槃寂靜 또는 일체개고一切皆苦. 제행무상은 모든 것은 변한다는 의미, 제법무아는 모

든 것은 자아가 없다는 의미, 열반적정은 고통에서 벗어난 깨달음의 상태, 일체개고는 모든 것이 고통이라는 의미

사성제四聖諦 - 네 가지 고귀한 진리로 불교 수행의 방향성. 고苦·집集·멸滅·도道. 괴로움에 대한 인식, 괴로움의 원인인 집착, 괴로움 소멸의 가능성, 괴로움 소멸의 방법

인간의 업

우리나라 사람들은 대부분 종교에 상관없이 업이라는 개념을 알고 있다. 때로는 운명이라는 의미와 같이 사용되기도 한다. 이때 쓰이는 의미는 자신의 노력이나 의지로 어찌할 수 없는 상황에서 받아야 하는 운명적인 상태를 업이라고 한다.

그러나, 불교의 업 사상은 인도 힌두교의 전신인 브라만교에서 비롯되었다. 브라만교의 업 사상을 연기설에 근거해서 새로 발전시킨 것이 불교의 업 사상이다.

보통 사람들은 업을 좋은 일을 하면 좋은 결과가 나오고, 나쁜 일을 하면 나쁜 결과가 나온다는 뜻으로 이해한다. 하지만 인생을 살다 보면 이 말에 의문이 생기곤 한다. 나쁜 사람들이 더 잘 사는 것 같고, 착한 사람은 당하고만 사는 것 같다. 꼭 선함이 좋은 결과를 낳지도 않고, 악함이 나쁜 결과를 초래하지도 않는 것처럼 보인다. 그 이유는 하나의 원인으로 하나의 결과가 나오지 않기 때문이다. 즉, 하나의 결과는 수많은 인연(원인과 조건)에 의해 발생한다.

이렇게 연기설을 사람에게 적용할 때 '업'이라고 한다.

업, 마음의 관성

업은 내가 쓰는 마음의 관성과 관계가 있다. 사람들은 '나'라는 정체성 안에서 선택한다. 어떤 것을 선택하는 상황이 되었을 때, 사람마다 자신의 방식이 존재한다. 예를 들어 어떤 사건에 대해 1 - 100번까지의 선택 방식이 있다면 어떤 사람은 27번을, 어떤 사람은 69번을 택할 것이다. 사람마다 자신의 선택 방식이 있는 것이다. 가끔 일탈을 꿈꾸는 선택을 하더라도, 평소에 27번을 선택하는 사람은 25, 26, 28, 29번 같은 가까운 방법을 택할 뿐, 멀리 떨어진 53번을 선택하지는 않는다. 이렇게 사람마다 자신의 방식과 패턴이 있으므로, 마음의 관성이 존재하게 된다.

업의 종류

업은 각각의 '나'가 존재하는 이유와 지금 내가 이렇게 사는 이유를 설명해 준다. 그럼 지금 내가 이렇게 사는 원인은 무엇일까? 다시 말하면 내 업은 무엇일까?

불교에서는 업을 크게 세 가지로 나눈다. 조상업, 시대업, 전생업이다. 이렇게 세 가지 업에 의해 지금의 내가 존재한다고 본다.

업業	전생업前生業	기질	나
	조상업祖上業		
	시대업時代業	환경	

먼저 조상업이다. 조상업은 우리도 잘 알고 있다. 부모의 유전자에 들어있는 DNA를 반반씩 받아 지금의 내가 되었다는 것은 너무도 당연한 사실이다. 그래서 우리는 부계와 모계로부터 받은 유전적인 성질을 다 가지고 있다. 여기에는 외모와 기질이 포함된다. 이런 유전적인 성질뿐만 아니라 어떤 부모를 만나느냐도 중요하다. 머리가 좋거나 나쁘거나, 부유하거나 가난하거나, 성품이 착하거나 악하거나 등, 어떤 부모에게서 양육을 받는가 하는 것도 조상업에 들어간다. 그래서 조상업은 부모로부터 받는 유전적인 기질과

가정환경을 의미한다고 할 수 있다.

두 번째는 시대업이다. 시대업은 어느 시대에, 혹은 어느 장소에 태어났는가 하는 것이다. 다시 말하면 어떤 사회적 환경에 태어났는가 하는 것이다. 어느 나라에서 태어났는지, 그 나라의 정치적·사회적·종교적 배경은 어떤지에 관한 것이다. 또한, 같은 시대라도 어느 장소에 태어나느냐도 중요하다. 중동지역이나 아프리카에서 태어나는 것과 미국이나 유럽에서 태어나는 것은 성장에 큰 차이를 보일 수밖에 없다. 조상업에 가정환경이 포함된다면, 시대업은 사회환경을 말하는 것이다.

마지막으로 전생업이다. 이 전생업은 전생에 심어 놓은 씨앗에 의해 이생에 열린 열매와 같다. 전생에 살아온 삶의 총합이 씨앗이라면 현생에서 받을 운명이 열매이다. 이 전생업은 조상업과 시대업에도 관여한다. 왜 하필 그런 부모와 형제자매를 만나게 된 건지, 왜 하필 이 나라의 이 지역에 태어난 건지에도 영향을 끼친다. 그리고 부모의 수많은 유전자 중에서 왜 나의 유전자가 구성되었는지도 포함한다. 전생에 살아온 삶의 결과에 따라 현생에 받는 삶이 정해진다고 보는 것이다. 전생에 살아온 삶이 하나의 씨앗이 될 때, 씨앗의 종류에 의해 다음 생의 기질과 성격을 형성하게 되고, 그 씨앗이 어떤 조건에 심어지느냐에 따라 환경이 결정된다.

조상업의 유전적인 부분이 나의 기질을 만들고, 조상업의 일부와 시대업이 환경적인 특성을 갖는다. 이런 기질과 환경에 의해 특정 성격을 가진 '나'가 만들어진다. 여기에, 살아가면서 나에게 전반적으로 영향을 끼치는 것은 전생업이다. 전생업은 고비마다 나의 인생에 관여한다. 전생에 심어놓았던 원인의 씨앗이 지금 이생에서 열매가 되어 나에게 다가온다. 사람은 그 열매가 쓰든 달든 선택할 수 없다. 이미 정해진 원인이 있기 때문이다.

업은 숙명?

업을 바라보는 시점에 따라 업의 모습이 바뀐다. 과거 생의 업이 현생의 나를 속박한다고 생각하는 것은 운명론이다. 이것은 인도 힌두교의 전신인 브라만교에서 주장하던 방식으로, 과거 생에 의해서 현생의 삶이 만들어졌다는 것이다. 이 방식은 카스트제도를 유지하기 위한 귀족 계급의 이론이다. 천민 계급의 사람들이 자신의 삶을 운명으로 받아들여 순응하도록 만들기 위한 정치 이데올로기에 가깝다.

그렇다면 운명은 결정된 것인가? 그렇지 않다. 전생에 심어둔 씨앗에 의해 받은 열매라 할지라도 그 열매를 어떻게 처리할지는 자신에게 달려있다. 과거 생에 만든 결과로서의 삶일지라도 그 열매를 어떻게 처리하느냐에 따라 다음 생의 삶이 결정된다고 할 수 있다. 비록 씨앗 자체를 바꿀 수는 없을지라도, 그 열매에 있는 씨앗을 어떻게 다룰지, 그리고 열매에 영향을 끼치는 햇살과 물, 토양은 우리의 자유의지로 스스로 결정할 수 있다. 나아가 다음 생에 어떤 씨앗을 심을지 또한 우리 자신에게 달려있다.

이것이 붓다가 주장한 업의 관점이다. 시점을 과거가 아니라 현재에 둔다. 그는 현재의 삶이 미래 생을 바꿔놓을 수 있고, 나아가 현생의 삶도 바뀔 수 있다고 주장한다. 숙명에 의한 삶은 어쩔 수 없지만, 자신의 노력에 따라 자신의 미래가 바뀔 수 있다고 주장하는 것이다.

업이 자신의 노력이나 의지로 어찌할 수 없는 상황에서 받아야 하는 숙명적인 상태라고 할지라도 그 숙명을 어느 방향으로 움직여 자신의 운명을 만들어 갈지를 정하는 것은 개인이 만들어 갈 미래의 업이다.

유식사상唯識思想의 이해

이 장은 복잡한 불교 철학을 설명하므로 이해하기 어려울 수 있다. 여기에서는 대략 이런것이 있구나 하는 정도로 훑어보고 다음장으로 넘어가고 기회 있을 때 살펴보는 것도 괜찮다.

북방 대승불교에는 인간의 의식을 다룬 독특한 분야가 있다. 유식학 혹은 유식불교라는 분야이다. 남방 상좌부불교에도 이와 비슷한 아비달마불교가 있다. 불교사상의 한 축인 중관사상과 함께 유식사상은 대승불교 전반에 영향을 끼치며 녹아들었다. 북방불교 대부분의 종파에서는 이 유식사상의 영향을 받았고, 자신의 사상과 결합했다. 그러나 정작 유식불교는 의식체계를 너무도 복잡하고 세밀하게 파고들면서, 일반적인 사람들은 이해하기 힘든 이론 체계를 성립하게 되어, 붓다 당시 근본불교의 수행 중심 불교에서도 멀어졌다.

그럼에도 불구하고 유식학은 인간의 의식을 분석하고 체계화한 데 큰 의의가 있다. 이것은 현대의 분석적이고 논리적인 기법과 유사하다. 비록 사변적 이론에 치우쳐 현실적인 수행 체계에 대입하기는 힘들지만, 그들이 만들어 놓은 의식의 기본 체계는 현대인들이 불교 명상을 이해하는 데 도움을 줄 수 있다고 본다. 그래서 여기에서는 유식의 기본적인 구조와 체계에 관해 설명하려고 한다.

그리고 여기에서는 임의로 의식을 크게 표면의식과 심층의식으로 나눠보았다. 표면의식은 우리가 보통의 삶을 살면서 나라고 생각하고 느끼는 의식을 의미하고, 심층의식은 우리가 보통 때는 인지하지 못하는 나의 의식 세계이다. 우리의 의식 깊은 곳에 숨어있다가 인연에 의해서 일어나는 생각들의 저장고를 말한다.

의식의 종류

이 글에서 '식'은 곧 '생각' 또는 '의식'으로 바꿔서 이해하면 된다. 각각 약간의 차이는 있지만, 이렇게 이해하는 것이 편하다.

```
식 ≒ 생각 ≒ 의식
```

의식은 크게 네 가지로 분류할 수 있다. 감각식, 현재식, 자아식, 저장식으로 나눌 수 있다. 의식은 처음 감각에서 시작한다. 감각식(감각에서 시작한 생각)은 현재식(현재의 생각)을 만들고, 이후 자아식을 거쳐 저장식에 저장된다.

감각식은 눈, 귀, 코, 혀, 몸의 다섯 가지 감각이 세상을 만나서 만들어지는 직관적인 의식을 말한다. 감각식은 최초의 의식을 포함한다.

현재식은 현재 만들어지는 생각을 말한다. 현재식은 세 가지 경로로 만들어지는데, 감각에서 비롯한 생각, 앞의 감정·생각에서 비롯한 생각, 저장식에서 출발하여 자아식을 거쳐서 나온 생각이다. 이들 생각은 다시 꼬리에 꼬리를 무는 생각이 된다.

자아식은 자기중심적으로 보는 생각을 의미한다. 자기중심적으로 보는 이유는 여기에 '나'라는 의식, 즉 자아가 있기 때문이다. 자아라는 필터를 통해 생각하기 때문에 모든 생각은 자기중심적으로 된다.

저장식은 모든 언어적, 비언어적 생각이 저장된 곳으로 현생의 모든 의식이 저장되어 있다고 본다. 또한, 이곳에 업이 저장되어 있다고 본다.

참고로 유식에서는 감각식을 전오식, 현재식을 육식, 자아식을 칠식이자 말나식, 저장식을 팔식이자 아뢰야식이라고 한다.

의식의 깊이	의식의 분류	의식의 종류	식(識)의 구분	식(識)		의식의 특성
표면의식	현재의식	감각식 (感覺識)	전오식 (前五識)	안식(眼識)		눈의 식
				이식(耳識)		귀의 식
				비식(鼻識)		코의 식
				설식(舌識)		혀의 식
				신식(身識)		몸의 식
		현재식 (現在識)	육식 (六識)	의식(意識)		뇌의 식
심층의식	잠재의식	자아식 (自我識)	칠식 (七識)	말라식 (末那識)		이기식 (利己識)
	무의식	저장식 (貯藏識)	팔식 (八識)	아뢰야식 (阿賴耶識)		종자식 (種子識)

＊ 중관사상中觀思想

중관사상은 대승불교의 핵심 철학으로, 연기설에 뿌리를 두었다. 중관사상은 모든 존재가 고정된 자성自性이 없다고 선언하며, 이를 공이라고 표현한다. 여기서 공은 단순히 아무것도 없다는 허무주의가 아니라, 모든 것이 연기하여 공하므로, 비로소 끊임없이 변화하고 다양한 모습으로 나타날 수 있다는 역설적인 진리를 담고 있다.

따라서 중관사상은 유와 무 같은 극단적인 견해를 벗어나, 연기하는 모든 존재의 중도적 본질을 꿰뚫어 보는 것을 목표로 한다. 이는 결국 세속적인 현상과 궁극적인 진리가 분리되지 않고 하나임을 깨닫는 깊은 통찰로 이어지는 것이다.

유식의 표면의식

표면의식은 심층의식의 반대되는 개념으로, 우리가 일상적으로 인지할 수 있는 의식을 의미한다. 여기에는 여섯 개의 의식, 즉 다섯 개의 감각의식과 한 개의 현재의식이 있는데, 유식에서 말하는 전오식과 육식을 표면의식이라고 할 수 있다.

다섯 개의 감각식 – 전오식

우리에게는 다섯 가지 감각기관이 존재한다. 눈, 귀, 코, 혀, 몸이다. 이런 감각기관에는 대상이 존재한다. 색깔과 모양, 소리, 냄새, 맛, 감촉 등이다. 이렇게 감각기관이 다섯 개가 있고, 이와 대응하는 감각대상도 다섯 개이다.

감각기관이 감각대상을 만나 만들어지는 것이 식(생각)이다. 눈이 색이나 모양을 보고 생겨난 의식을 '눈의 식'이라고 하고, 귀가 소리를 듣고 생겨난 의식을 '귀의 식', 코가 냄새를 맡고 생겨난 의식을 '코의 식', 혀가 맛을 보고 생겨난 의식을 '혀의 식', 몸이 감촉을 통해 일어난 의식은 '몸의 식'이라고 한다. 이렇게 만들어진 다섯 개의 의식을 감각식이라고 한다.

물론 이렇게 감각기관이 감각대상을 만난다고 해서 늘 의식이 일어나는 것은 아니다. 감각대상이 강할 경우에는 감각기관이 강제적으로 깨어나서 의식을 만들어 내지만, 감각대상이 약하거나 우리가 내면에 집중할 때는 감각대상을 인지하지 못하는 경우가 많다.

예를 들면 집중했을 때 다른 소리가 들리지 않는다거나, 평소에 앉아있는 엉덩이의 감각을 인식하지 못하거나 하는 것들이 여기에 속한다.

여섯 번째 현재식 - 의식, 육식

여섯 번째 현재식은 다섯 개의 감각식 다음에 만들어지는 의식이라는 의미로 육식이라고 한다. 현재식은 다음과 같은 특성이 있다.

- 뇌 자체에서 만들어지는 여섯 번째 생각
- 현재 만들어지는 생각
- 생각/감정으로 만들어지는 생각

그리고 현재식은 다음과 같은 세 가지의 방식으로 만들어진다.

첫째, 대상을 감각식으로 보는 것.

다섯 개의 감각에서 만들어지는 감각식을 대상으로 뇌에서 만들어지는 생각을 현재식으로 보는 것이다. 다섯 개의 감각식을 대상으로 인식하는 것을 말한다.

예를 들면, 우리가 숲에서 호랑이를 만났다고 가정해 보자. 먼저 눈(감각기관)이 호랑이의 겉모습(감각대상)을 보고 누렇고 줄무늬가 있으며 이빨이 날카로운 모습을 인식한다.

여기까지가 감각을 통해 인식하는 과정이다.

둘째, 대상을 앞생각으로 보는 것.

앞생각을 대상으로 만들어진 뒷생각을 현재식으로 보는 것이다. 뇌 자체에서 이미 일어난 생각이나 감정(앞생각)을 대상으로 새롭게 일어나는 생각(뒷생각)을 말한다. 분별, 판단, 기억, 이해, 상상, 추론 등의 생각과 희로애락과 같은 감정 등이 앞생각이면서 뒷생각에 해당한다. 생각의 대상인 앞생각은 생각과 감정이고 그렇게 만들어진 뒷생각도 생각과 감정이다. 즉, 뇌에서 일어나는 꼬리에 꼬리를 물고 일어나는 생각과 감정을 현재식이라고 보면 된다.

앞에서 본 호랑이의 예에서, 감각식의 과정 이후에 현재식인 여섯 번째 의식에 의한 과정이 연속해서 일어난다. 즉, 그것이 호랑이임을 알게 된다(분별). 순간 호랑이가 사람을 죽일 수 있다는 사실을 (기억)하고, 나를 덮칠 수도 있다고 (상상)하여 (두려움)에 사로잡힌다. 그리고 위험에서 벗어나야 한다고 (판단)하고, 벗어날 수 있는 가장 좋은 방법을 (추론)해내고, 위험에서 벗어난 후에는 마음에 두려움이 사라진다. 이런 일련의 과정들이 감각식과 현재식에서 일어나는 의식작용이라고 할 수 있다.

셋째, 감각대상을 말나식으로 보는 것.

그런데 생각이 반드시 앞의 생각에 따라서만 일어나지 않는다. 사람들은 앞의 생각과는 별개의 상태에서도 과거나 현재 혹은 미래에 관한 생각이 불현듯 일어난다. 저장식(아뢰야식)에 있던 생각이 자아식(말나식)을 통해 나타나기도 한다. 잠재된 생각을 대상으로 만들어지는 생각을 현재식으로 보면 된다. 생각의 대상이 잠재된 심층의식의 생각인 것을 말한다.

이것은 길을 걸어가다가 과거에 호랑이를 만난 일이 불현듯 떠오르는 것에 해당한다. 이유도 없고 맥락도 없이 떠오르는 생각을 말한다. 사실 좀 더 깊은 내면으로 들어가면 우리가 의식하지 못하는 가운데 이런 생각이 떠오르는 원인이 존재한다. 하지만 일반적인 현재의식 상태에서는 그 원인을 인식할 수 없다.

유식의 심층의식

유식의 심층의식은 크게 두 가지로 나뉜다. 하나는 제7의식인 칠식, 말나식이고, 이것이 자아식이고 이기식이다. 다른 하나는 제8의식인 팔식, 아뢰야식이고, 이것이 저장식이고 종자식이다.

유식에서 심층의식으로 처음 발견된 것은 팔식인 아뢰야식이다. 아뢰야식에 대한 개념이 먼저 설정되고, 그 이후에 칠식인 말나식에 대한 개념이 만들어지게 된다. 그래서 여기에서도 아뢰야식을 먼저 설명하고 말나식을 뒤에 설명하려고 한다.

여덟 번째 의식 - 팔식 : 아뢰야식, 저장식, 종자식

이 의식은 우리의 의식 중에 가장 깊은 곳에 자리 잡아, 우리가 잠을 자든 깨어 있든 작용하는 의식을 말한다. 그래서 저장식은 언제나 멈추지 않고 마음의 가장 깊은 곳에서 작용하고 있다고 본다. 여기에는 두 가지 큰 특징이 있다.

첫 번째, 여기에 우리의 모든 의식이 저장되어 있다고 본다. 즉, 우리가 깨어 있을 때 말하고 행동하고 생각하는 모든 의식이 여기에 저장된다고 보는 것이다. 단, 이런 의식들이 종자, 즉 씨앗의 형태로 저장된다고 본다. 씨앗의 형태로 저상되다가 적당한 환경이 조성되면 씨앗이 발아하듯이, 종자의 형태로 우리의 의식이 저장된다고 하는 것은 의식 전체가 저장되는 것이 아니라 어떤 의식의 실마리가 저장된다고 보는 것이다. 그래서 그 실마리를 찾는 순간, 그 실타래가 풀리듯 기억들이 나타난다고 보는 것이다.

이것을 요즘 방식으로 표현하자면 일종의 압축파일 형태

라고 보면 된다. 우리가 컴퓨터에 용량이 많은 파일을 저장할 때 그 용량을 줄이기 위해 파일을 압축해서 저장한다. 그리고 필요할 때, 그 파일을 압축 해제하여 사용하는 것이다. 그래야 저장용량을 효율적으로 사용할 수 있기 때문이다. 예를 들면, 우리는 스치듯이 풍기는 어떤 냄새를 맡고 어린 시절 추억을 소환해 내기도 하고, 흘러나오는 음악을 듣고 젊은 날의 첫사랑을 아련하게 떠올리기도 하는 것이다.

두 번째, 여기에는 윤회의 작동 원리로서의 업이 저장되어 있다고 본다. 불교에서는 업의 주체, 혹은 업의 실체를 인정하지 않는다. 기본적으로 브라만교의 아뜨만(진아)과 같은 업의 주체가 있다고 인정하지 않는 것이다. 왜냐하면, 기본적으로 불교는 무아를 주장하기 때문이다. 그래서 자아는 없이, 업만이 윤회한다고 보는 것이다. 즉 무아인 채 업이 윤회한다는 것이다. 이것을 인과법으로 설명하면 원인과 결과로써 윤회를 보면 된다. 전생의 '나'의 그 무엇(아뜨만 혹은 영혼과 같은 실체적 존재)이 후생의 '나'가 된다는 것이 아니라, 전생의 업이 원인이 되어 그 결과인 후생의 나로 태어나는 것이다.

일곱 번째 의식 – 칠식 : 말나식, 자아식, 이기식

자아식은 더 깊은 곳에 존재하는 저장식을 대상으로, 저장식이 자신이라고 생각하는 자기중심적인 자아의식에서 출발한다. 즉 저장식에 저장된 수많은 의식과 그 의식의 종자들을 통해 자아를 인정하는 것을 의미한다. 그래서 어떤 의식이 만들어질 때, 그 의식의 이면에서 자기를 중심으로 생각하고 헤아리는 마음을 자아식으로 보는 것이다. 그래서 현재식에서 의식이 만들어지는 뿌리의 역할을 한다고 보는 것이다.

다시 설명하면, 심층의식인 저장식(팔식)에 저장된 모든 저장의식이, 개인적이고 자기중심적인 자아식(칠식)을 통해 비로소 개인화되고 자기중심적인 기억으로 전환되어서, 의식(육식)의 뿌리로서 작용하게 되는 것이다. 자아라고 하는 일종의 필터가 작용한다는 것이다.

이렇게 언제나 자기중심적으로 생각하고 헤아리는 작용으로 번뇌가 만들어지고 탁해지고 오염되기 때문에 자아식을 염오의染汚意라고 하고, 이는 윤회의 세계에서 작용하는 모습이라고 본다.

하지만 수행을 통해 자신에게 향하던 마음을 바꾸어 그 어느 곳에도 치우치지 않는(평등하게 바라보는) 눈이 열리고, 마음이 질적으로 변하면서 나타나는 작용을 통해 평등성지가 되는 곳도 바로 자아식(말나식)이다. 그러면 번뇌식은 청정식으로 바뀌게 된다.

〈유식의 의식체계〉

식(識)의 구분	의식의 종류	경 (境 :대상)	감각대상	근 (根 /:기관)	감각기관
전오식 (前五識)	감각식 (感覺識)	색(色)	색깔 /모양	안(眼)	눈
		성(聲)	소리	이(耳)	귀
		향(香)	냄새	비(鼻)	코
		미(味)	맛	설(舌)	혀
		촉(觸)	감촉	신(身)	몸
육식 (六識)	현재식 (現在識)	법(法)	생각	의(意)	뇌
칠식 (七識)	자아식 (自我識)	* 법(法): 감각기관의 대상으로서의 생각			
팔식 (八識)	저장식 (貯藏識)	* 식(識): 일반적인 생각			

유식(唯識)에서 보는 의식체계			
식(識)의 구분	의식의 종류	식(識:인식)	감각의식
전오식 (前五識)	감각식 (感覺識)	안식(眼識)	눈의 식
		이식(耳識)	귀의 식
		비식(鼻識)	코의 식
		설식(舌識)	혀의 식
		신식(身識)	몸의 식
육식 (六識)	현재식 (現在識)	의식(意識)	뇌의 식
칠식 (七識)	자아식 (自我識)	말라식(末那識)	이기식
팔식 (八識)	저장식 (貯藏識)	아뢰야식(阿賴耶識)	종자식

제8장

자아自我에 중독된 인간의식

인간의 표면의식

과학이 발달함에 따라 인간을 탐구하는 영역도 빠르게 발전해 왔다. 최근 들어 인간의 뇌와 의식을 연구하는 학문인 심리학과 뇌과학도 빠르게 발전하고 있다. 그래서 과거의 우리가 알 수 없었던 부분에 관한 연구가 진행되어, 새로운 과학적 사실들이 밝혀지는 중이다. 이번 장에서는 불교 명상의 의식체계를 기본으로 새롭게 밝혀진 사실들을 빌려, 인간의 의식체계에 대하여 기존의 유식학의 의식체계와는 다른 방식으로 설명하려고 한다.

사람들이 거울을 통해 자신을 바라볼 때, 거울에 비친 자신의 겉모습을 보게 된다. 머리카락, 피부, 치아, 손톱, 눈동자, 골격, 키 등 외면의 모습을 통해 우리 자신을 인지한다. 겉껍데기를 보고 우리는 우리 자신을 인지하는 것이다. 그러나 그 껍질 속에 들어있는 피, 뼈, 힘줄, 내장 기관 등은 인지하지 못한다. 분명 이런 것들이 내 자신의 일부임을 인식하고 있음에도, 눈으로 보지도 못하고 느끼지도 못하기 때문에 우리는 그런 것들이 나의 일부분임을 평소에는 잘 인지하지 못한다.

우리는 미루어 짐작함으로써 그것들이 우리 자신인 것을 알 뿐이다. 그러나 이처럼 우리 몸의 껍질이 아닌 부분도 우리 자신이다. 그리고 그런 내부 기관과 요소들은 내가 인지하지 못하더라도 끊임없이 생명 활동을 하고 있다.

인간의 의식 세계도 이와 같다. 우리 정신에 있는 의식도 껍질과 같은 의식도 있고, 껍질이 아닌 본질에 가까운 의식도 존재한다. 보통 우리가 우리의 외면을 보고 우리 자신을 인식하듯이, 의식도 겉으로 드러난 의식만을 우리 자신이라고 여긴다.

하지만 겉으로 드러나지 않은 깊은 심연의 의식이 존재한다. 표층의 의식이 나의 겉모습 같은 표면의식이라면, 심연의 의식은 나의 생명 활동과도 같은 심층의식이다. 나의 겉모습이 생명 활동의 본질이 아니듯, 표면의식은 의식 활동의 실체가 아니다. 오히려 내면 깊숙한 심층의식에서 일어나는 의식이 진정한 나의 의식이다.

표면의식 (현재의식)

표면의식은 우리가 일상을 살아가는 의식을 말한다. 지각하고 인식하고 기억하고 상상하고 추론하고 판단하고 의도하는 등의 내 안에서 일어나는 모든 생각과 내가 일으키는 생각들, 그리고 기뻐하고 화내고 우울해하고 두려워하고 슬퍼하고 미워하고 부끄러워하는 나의 감정들의 총합을 말한다. 보통 우리는 이런 표면의식을 나라고 생각하며 살아간다.

> ### (일어나는 + 일으키는) 생각 + 감정 = '나'

현재의식은 표면의식의 또 다른 표현이라고 생각하면 된다. 현재의 나를 구성하고 있는 인식의 세계를 의미한다. 현재의 내가 나를 인지하는 의식체계이다. 메타인지 또는 상위인지라고 하는 것도 평면적인 현재의식 내에서 벌어지는 일이다. 이 또한 내가 나라고 인식할 수 있는 범위 안에서 인지하는 것을 말한다.

즉, 메타인지(상위인지)라고는 하지만, 사실상 평면적인 상대인지들의 조합을 서로 생각하고 바라보는 것이다. 그래서 현재의 나를 가지고 또 다른 현재의 나를 관찰할 수 있을 뿐이다. 메타인지가 높다, 낮다라고 하는 것은 현재의식 안에서 벌어지는 상대인지를 객관화하는 능력이 우월하다는 것일 뿐이다. 즉, 메타인지 역시 객관화 인지일 뿐 현재의식에서 벌어지는 의식이다.

일단 내가 깨어 있는 상태의 모든 의식이 표면의식이며, 현재의식이라고 보면 된다.

인간의 심층의식

심층의식은 '나'라는 의식의 원천이며 고향이라고 할 수 있다. 현재의 나를 만들어 낸 재료이자 자양분이고 토대이자 뿌리가 되는 의식이다. 이 심층의식은 또 둘로 나뉘는데 잠재의식과 무의식이다.

잠재의식

우리는 잠재의식의 존재를 꿈으로 알 수 있다. 우리가 꾸는 꿈은 또 다른 세계로 나를 이끈다. 전혀 생각해 보지 않은 상황이 벌어지거나 내가 욕망하던 세계가 펼쳐지기도 한다. 그래서 꿈속에서의 나는 조금 다른 행동을 하거나 다른 결정을 하기도 하고, 의식의 파편들이 조합되어 전혀 엉뚱한 시간과 공간이 연출되기도 한다. 이렇게 현재 의식과는 사뭇 다른 삶의 방식을 꿈에서 살아보기도 하는 것이다.

잠재의식은 나의 과거가 담겨있고, 미래를 저장하는 영역이다. 태어나면서부터 지금까지의 모든 마음(감각식, 감정식, 생각식 + 욕망식)이 여기에 들어있다. 즉, 감각으로, 감정으로, 생각과 욕망으로 만들어진 의식 등이 여기에 저장된 것이다. 이런 의식들은 나라고 하는 개인에 한정되어 일어나는 의식이다. 인간은 타인의 감각과 감정을 이해할 수 있을 뿐, 똑같이 느낄 수는 없다. 그래서 이런 의식들은 지극히 주관적이고 개인적이다. 이렇게 저장된 모든 경험적 의식은 순간순간의 나를 만들고 그 순간들이 모여서 연속성이 있는 나를 만들어 간다.

유식에서 보면 이 영역은 일곱 번째 의식(칠식=자아식=말나식)과 여덟 번째 의식(팔식=저장식=아뢰야식)의 일부를 합한 것으로 보면 타당하다고 생각된다.

무의식

무의식은 현대사회가 발전하면서 과학을 통해 정의되고 알려지기 시작한 영역이다. 무의식은 꿈도 꾸지 않는 완전한 숙면에서 존재하는 의식 세계이다. 또한, 머리카락을 자라게 하고, 손톱과 발톱을 자라게 하며, 심장 등의 내장 기관을 움직이게 하는 의식의 세계이다.

무의식은 우리가 인식할 수 없다. 우리는 무의식의 영역을 미루어 짐작할 뿐이다. 잠재의식에는 그래도 '나'가 존재하지만, 무의식의 세계에는 '나'가 존재하지 않기 때문이다. 여기에서 나란 나 스스로 인지할 수 있는 나를 의미한다. 그래서 무의식의 세계에서는 우리의 의지가 개입할 수 없다. 의지를 만들어 낼 '나'가 존재하지 않기 때문이다.

그럼, 이 무의식의 영역에는 무엇이 존재하고 있을까?

무의식은 인간 존재의 영역이다. 여기에는 생명을 유지하는 의식이 존재하고, 인간이 인간으로 살아가게 하는 의식이 있다. 다시 말하면, 우리 인간이 가지고 있는 공통의 기억과 생명 그 자체의 기억이 여기에 존재한다. 이 무의식의 영역은 크게 두 가지로 나눠볼 수 있다.

〈인간의식〉

첫 번째, 영장류 중에서도 인간이 인류로서 존재하는 의식 영역이다. 인간은 다른 동물과는 확연히 다른 뇌의 활동을 한다. 자연에 스스로 진화해 가면서 적응하는 다른 동물들과는 달리, 인간은 자연에 맞춰 살 방법을 고안해서 적응해 나간다. 지구의 구석구석에 살지 않는 곳이 없을 정도로 자연에 맞춰 살아가는 방법을 고안해 낸다. 이처럼 인간만이 가지고 있는 의식의 축적이 여기에 있는 것이다.

인간을 제외한 다른 동물은 기본적으로 언어를 배울 수 없고, 글을 배울 수도 없다. 언어와 글은 인간만이 가지는 특성이다. 인간만이 언어를 배울 수 있고 글을 익힐 수 있고, 또한 인간만이 추상적인 허구의 개념을 이해할 수 있다. 이렇듯 인간만이 가지고 있는 진화된 의식체계인 인간의식이 존재한다.

다른 관점에서 보면, 이 의식의 영역은 각 동물의 특성을 가르는 의식 영역이라고 보면 된다. 동물들이 가지는 고유의 의식체계를 말한다. 동물들은 태어나서 특별히 가르치지 않아도 그 동물로 잘 살아간다. 개가 개처럼 행동하고 고양이가 고양이처럼 행동하게 하는 의식의 영역이 이곳에 있는 것이다. 개로서의 의식, 고양이로서의 의식이 여기에 존재하는 것이다.

〈생명의식〉

두 번째, 생명 활동의 의식 영역이다. 이 영역은 생명의 영역이라고 할 수 있다. 지구가 생명을 만들고 원생생물에서 식물, 동물 등으로 진화하는 과정에서, 포유류로서의 인간으로 진화하기까지의 모든 생명 활동 의식 영역이다. 숨을 쉬고, 심장이 뛰고, 머리카락이 자라고, 손톱이 자라는 모든 생명의 유지 작용이 이 의식의 영역이다. 이 영역의 의식은 생명을 가진 모든 존재, 즉 생물의 의식 영역이라고 봐도 된다.

사실 지구라는 관점에서 보면 생명이 존재하든 존재하지 않든 아무 의미가 없다. 하지만 지구를 형성하고 있는 물질들이 무기물에서 유기물로 바뀌고 다시 생명을 품게 되어 지구는 수많은 생명으로 뒤덮이게 된다. 그렇게 만들어진 생명은 방향성은 가지지만 어떤 목적성을 가지지는 않는다. 지구 환경의 변화에 맞춰 적응하며 진화해 왔을 뿐이다.

인간은 이렇게 목적성을 가지지 않는 진화의 종착역이 무엇인지 알 길이 없다. 그럼에도 생명은 영원하지 않은 자신의 존재를 어떤 형태로든 이어가려고 한다. 그 와중에 사멸해 가는 종도 있고, 진화를 통해 발전해 가는 종도 존재한다. 이렇게 수많은 세월 속에서 최적의 생명 활동을 하게 하는 근본적인 생명 활동의 의식 영역이 무의식의 영역에 있다.

자신에게 속는 인간

사람은 하루에도 셀 수 없을 정도로 자신을 속이고 속는다. 하지만 보통의 경우, 사람은 자신을 속이고 있다는 것, 혹은 자신이 속고 있다는 것을 자각하는 것은 거의 불가능하다. 나아가 자기가 자기 자신을 속이고 속고 있다는 의미 자체에 대해 생각해 본 적도 없고 알려고도 하지 않고 알 수도 없다.

일반적인 사람은 한가지 생각이 일어나면, 수많은 생각이 서로 경쟁하듯이 꼬리에 꼬리를 물면서 일어난다. 어디에서 시작됐는지, 어디로 향하는지 모르는 수많은 생각이 내 안을 흘러 지나간다. 대부분의 생각은 반복된 생각인 경우가 많다. 어제 했던 생각을 오늘 또 하고, 오늘 한 생각을 내일 또 하는 것이다. 이따금 새로운 정보가 들어오면 변형된 생각이 만들어지기도 하지만, 이 역시 큰 틀에서 벗어나지 않는다. 일상적이고 관성적인 삶을 살아가는 나라는 테두리 안에서 일어나는 일인 것이다. 이렇게 내 안에서 일어나는 수많은 생각은 조화를 이루기도 하고, 모순과 상충을 이루기도 하면서 두서없이 내 안에서 존재한다.

그러나 이런 조화와 모순, 그리고 상충 속에서 끊임없이 변화하는 생각은, 장소와 시간과 상황에 따라 다른 판단과 결정을 내리기도 한다. 평소와 달리 다른 판단과 결정을 내리고서 '내가 왜 이러지?' 혹은 '내가 미쳤지!'라고 생각하면서, 평소와 다른 새로운 자신을 발견하곤 한다. 이렇게 사람들의 생각은 변화를 이루는 가운데 일관성이 있는 듯하지만, 사실상 일관성 있게 작용하지 않는 경우도 많다.

왜 그럴까?

자아의 보정 작용

명상 공부를 하는 사람이나 출가수행자도 생각들이 항상 일치하지 않고, 언제나 자신을 속인다는 사실을 알아차리기는 쉽지 않다. 왜냐하면 자아라고 하는 정체성 안에서 벌어지는 일이기 때문이다. 그래서 이런 일치하지 않는 생각과 스스로 속이는 자신을 나라는 정체성 안에서 보정하는 작업이 이루어지고, 이런 보정 작용을 통해서 자아를 강화해 나간다.

이렇듯 자아 안에서 벌어지는 보정 작용으로 내면에서 일어나는 모순을 인지하지 못하게 되는 것이다. 그래서 자신의 의식이 언제나 일관되지 않다는 것을 눈치채고 나아가 자기가 스스로 속이고 속고 있다는 것을 알기는 쉽지 않은 것이다. 그래서, 어찌 보면 명상과 수행은 자신에게 속지 않는 나를 찾아가는 과정이며, 깨달음은 더 이상 속을 자기가 없는 상태가 되는 것이다.

자신에게 속는 이유

첫째, 너무 많은 생각들

불교에는 찰나라는 말이 있다. 지극히 짧은 시간이란 의미이다. 눈을 깜박이는 시간의 30분의 1초라는 말도 있다. 불교에서는 이 찰나의 시간에 일어나는 생각이 84,000개라고 하여, 8만 4천 개의 번뇌라고도 한다. 현대에 이르러 과학적으로 검증한 결과는 사람은 하루에 6,000-80,000

개의 생각을 한다고 한다. 그 숫자가 어떻든 간에 사람은 온종일 아주 많은 생각을 하고 있다는 것을 알 수 있다.

또한, 워싱턴대 의대의 뇌과학자 마커스 라이클(Marcus Raichle) 교수는 우리가 무언가에 집중해서 작업하다가 휴식을 취할 때 더 활성화되는 뇌 부위를 발견했고, 이것을 DMN(Default Mode Network: 기본 모드 네트워크)이라고 부른다. 우리가 인식하든 인식하지 않든 우리의 의지와는 별개로, 인지조차 하지 못하는 수많은 생각이 일어났다가 사라지는 것을 의미한다.

이렇게 수많은 생각들 속에서 우리가 스스로 인지하고 인식하는 생각은 극히 일부분에 불과하다. 그런데도 사람들은 자기 생각, 더 나아가 자기 자신을 잘 안다고 생각한다.

둘째, 인식보다 빠른 자기합리화

인간은 자아를 지키기 위해 자신의 의식을 왜곡하고 속이면서 자기합리화한다. 그런데 이런 자기합리화의 과정은 너무 빠르게 일어나서 보통의 경우 눈치채기 힘들다. 마음 한켠에 불편함을 느끼면서 자기합리화 과정을 몇 번 반복하다 보면, 처음엔 마음에 흔적들을 남기고, 시간이 좀 더 흐르면 그 흔적들이 모여서 마음에 길이 만들어지게 되어 자신을 속이게 된다. 이렇게 마음에 길이 생기면 처음 느꼈던 마음의 불편함은 사라지게 된다. 다시 말하면, 익숙한 마음의 길을 따라갈 뿐이고, 스스로 속이거나 속고 있다는 생각조차 할 수 없게 된다.

자기 안에서는 이 모든 게 합리적이고 논리적이라고 생각하지만, 사실 자기모순에 빠져있는 모습을 스스로 알지 못할 뿐이다. 오히려 사람들은 자기모순을 숨기기 위해 자신을 거짓으로 숨기거나, 논리라는 이름으로 타인에게 설명하기도 하고, 돈이나 권력에 의지해서 타인을 겁박함으로써 자신의 모순을 합리화한다.

셋째, 다중 구조의 의식 (표층의식)

살펴보면, 인간이 세상을 인지하는 방식은 다양하다. 기본적으로 색깔과 모양, 소리, 냄새, 맛, 감촉 등의 다섯 가지 감각대상에 대해 느끼는 눈, 귀, 코, 혀, 몸의 감각 인지 방식이 있다. 어떤 사물을 처음 접하면 사람들은 오감을 이용해서 사물을 인지한다. 이러한 감각 인지는 독립적으로 작용하기도 하고, 두 개 이상의 감각 인지가 보완, 간섭, 충돌하여 작용하기도 한다. 다섯 개의 감각 인지는 대상에 대해 개별적이면서도 종합적인 인식을 하는 것이다. 그리고 인지 작용이 일어난 이후에 인식할 때, 순수하게 감각 인지만 작용하는 것은 아니라, 내면에 내재해 있는 기존의 의식과 대조하고 비교하여 새로운 의식을 만들어 낸다. 이렇게 감각으로 인지하는 순간에도 수많은 다른 의식들의 간섭이 일어나는 것이다. 이런 반응은 순식간에 일어난다.

또, '내 속엔 내가 너무도 많아'라는 가사처럼 사람들은 기본적으로 한 갈래의 의식만을 가지는 것은 아니다. 나라는 전체적인 의식 안에 다양한 의식이 존재하는 것이다. 즉, 여러 갈래의 개별적 의식의 흐름이 하나로 합쳐지면서, 한 다발의 전체의식이 만들어지는 것이다. 밧줄이나 전기선을 생각해 보면 된다. 여러 개의 가는 줄이나 전기선이 합쳐져서 하나의 밧줄이나 전기선이 되는 것과 같다. 사람은 이렇게 하나의 의식 갈래로 세상을 인식하는 것이 아니라, 다양한 인지 방식과 의식의 갈래를 가지고 세상을 인식한다. 이렇게 개별적이며 독립적인 의식 갈래는 서로에게 영향을 끼치며 한 다발의 전체의식으로 만들어지는 것이다. 이 전체의식이 나라는 정체성을 가진 자아가 된다. 이렇듯 현재의식은 다중적인 구조를 가진다.

이런 방식을 상대인지라고 보면 된다. 각각 갈래의 의식은 서로 대등한 관계에서 서로서로 인지하여 인식하고 의식에 저장된다. 그래서 하나의 의식이 또 다른 의식과는 다르게 작용하게 되어 서로 상충하더라도, 이 모든 작용이 나의 안에서 벌어지는 한 다발의 작용이기 때문에 거짓이 아니라고 생각하게 되는 것이다.

넷째, 다층 구조의 의식 (표층의식과 심층의식)

바다에 떠다니는 빙산은 물 밖으로 노출된 10%의 부분과 바닷물 속에 잠겨있는 90%의 부분으로 구성되어 있다. 물 위로 노출된 부분이 빙산의 일부인 것처럼, 우리가 스스로 자각할 수 있는 의식은 전체의식 일부에 지나지 않는다. 이처럼 표층의식(현재의식)은 심층의식(잠재의식, 무의식)과 연결되어 있지만, 우리가 인식할 수 있는 것은 현재의식과 잠재의식 일부분이다. 지금 여기 나라고 인식하는 의식은 내 전체의식의 일부분일 뿐이다. 현재의식은 심층의식인 잠재의식과 무의식의 세계에서 표출된 의식이기 때문이다.

잠재의식과 무의식에서 작용하는 대표적인 것은 본능과 자아에 대한 욕망이다. 욕망은 개인의 본능적인 욕구를 해결하기 위한 개별적인 욕망과 자아의 연속성을 위한 전체적인 욕망이 있다. 이런 욕망은 잠재의식과 무의식에서 작용하므로 현재의식의 내가 욕망의 작용을 인지할 수가 없다. 인지 이전에 이미 작용하기 때문이다. 이렇듯 의식 이전에 작용하는 욕망에 속지 않을 방법이 없다.

이런 여러 이유로 사람들은 자신이 속고 있다는 것을 알 수 없다. 자기가 자기를 속이고 자기가 자기에게 속는다는 사실을 알아가는 과정이야말로, 불교에서 말하는 무명에서 벗어나는 길이기도 하다. 무명에서 벗어나는 길이 괴로움에서 벗어나는 해탈의 길인 것이다.

인지(認知, Cognition)

사물을 보거나 소리를 듣는 등, 쌓은 경험 지식을 바탕으로 무엇인가를 아는 것. 즉, `앎`과 관여하는 정신 활동

<u>⑩ 눈으로 보는 것이 사과임을 아는 것. 둥글고 붉은색의 시고 단 맛이 나는 물체임을 아는 것</u>

인식(認識, Recognition), **또는 재인**(再認)

사물 또는 관념 등에 대해 `명확하게 구별/식별`할 수 있는 것

과거 경험으로부터 기억해 내는 추상(追想)의 일종인 인지 활동

<u>⑩ 눈으로 본 것이 배가 아니라 사과임을 아는 것. 사과가 싱싱한지 아는 것</u>

의식(意識, Consciousness)

인간이 일상을 경험하는 심적/지적 현상의 모든 것

; 인식들의 집합체로 종합적인 마음의 현상

번뇌와 무명

- **번뇌**(煩惱): 마음이나 몸을 괴롭히는 모든 망념(妄念), 즉 거짓된 생각. 욕망 때문에 만들어지는 수많은 생각들
- **무명**(無明): 잘못된 의견이나 집착 때문에 진리를 깨닫지 못하는 마음의 상태 (모든 번뇌의 근원이 됨)

어둠 속을 헤매는 인간

앞에서 본 것처럼 인간의식의 가장 큰 특징은 자신이 자신을 속이고 또 속는다는 것이다. 이렇게 스스로 속이고 속는 인간은 늘 어둠 속에서 헤매는 존재일 뿐이다. 무명은 인간이 괴로움에 빠지는 가장 근본적인 원인이며, 인간이 윤회의 수레바퀴에서 벗어나지 못하는 원인이라고 본다.

다르게 표현하자면, 이렇게 스스로 속고 속이면서 그 사실을 모르는 밝지 않은 상태의 나를 가짜인 나 즉, '가아'라고 한다. 이 가아는 현재의식에 의해 지배받는 나를 뜻한다. 이에 반해서 자신을 속이고 속는다는 사실은 알면서도 속는 상태를 진짜인 나, '진아'라고 보는 것이다. 진아는 스스로 속이고 속지 않는 상태가 아니라 스스로 속이는 것은 알면서 속는 상태를 말한다. 진아에는 주체와 객체로서의 자아가 남아 있기 때문이다. 이 진아는 잠재의식까지의 의식을 말한다.

무아가 되어야 스스로 속이거나 속지 않게 된다. 무아는 속이는 주체나 속는 객체가 존재하지 않기 때문이다. 이 말은 실체로서의 나는 없고, 작용으로서의 나만 존재한다는 의미이다. 이 무아는 무의식의 영역을 말한다. 무아와는 달리, 진아에는 주체와 객체로서의 내가 남아 있으므로 실체로서의 '나'가 존재한다는 의미이고, 실체가 없이 작용만 있다는 무아의 입장에서는 진아는 거짓이기 때문이다.

결국, 가아는 어둠 속에서 헤매는 존재라는 의미이고, 진아는 어둠 속에서 등불을 들고 있는 존재로 보면 되고, 무아는 어둠이 사라져 밝은 상태로 보면 된다. 이에 대해 좀 더 자세히 살펴보겠다.

첫째, 현재의식(표면의식)의 자아

현재의식에서의 자아를 가아라고 하며, 일상적 자아라고 한다.

일상적 자아는 욕망에 충실한 자아를 말한다. 욕망에 충실하다는 것은 일상적인 삶에 충실하다는 것이다. 매일 매일 사람들과의 관계 속에서 먹고 마시고 일하는 일상의 자아를 말한다. 대부분 사람은 이런 일상에서 기뻐하고 분노하고 슬퍼하고 즐거워하고 미워하면서 살아간다.

주어진 욕망대로 삶을 살아가는 나를 욕망적 자아 혹은 일상적 자아라고 할 수 있다. 결국, 이렇게 잘 알지 못한 채 관성적으로 살아가는 나의 의식은 진짜 자의식이 아니라고 보는 것이다. 그래서 이렇게 관성적으로 살아가는 자아를 가아라고 한다.

이 영역은 현재의 나의 의식이고 일상적 자아의 의식이며, 보통 사람들이 살아가는 의식이다. 과거의 내가 존재했고, 현재의 내가 존재하기에, 미래의 내가 존재할 것이라고 막연하게 믿는 의식이다. 그렇게 현재의식(표면의식)은 현재의 나를 영원히 존재하는 것으로 믿게 만드는 현재의 의식이다.

둘째, 잠재의식의 자아 (심층의식 1단계)

잠재의식에서의 자아를 진아라고 하며, 실체적 자아라고 한다.

잠재의식은 꿈속의 나의 의식이다. 잠재의식에는 우리가 무슨 말을 하거나 행동할 때, 그 근본에 있는 의식의 집합체이며 개인의 모든 의식과 기억이 저장되어 있다. 또한 실체로서의 자아가 있다고 보는 영역이다. 그래서 그런 실체를 진아로 본다.

이 진아의 개념은 브라만(힌두)교의 아뜨만에서 출발한 개념이다. 진리 그 자체인 브라흐만의 일부로서 내 안에 존재하는 실체인 아뜨만을 인정한다. 그리고 브라만교에서는 이 아뜨만을 윤회의 주체로서 인정한다. 윤회의 주체라고 하는 것은 그 무언가가 윤회한다는 것이다. 그 무언가를 영혼이라고 하기도 하고, 브라만교에서는 아뜨만, 자이나교에서는 지바라고 부른다. 이것은 윤회의 주체가 없다고 보는 불교의 무아 사상과 배치되는 개념이다.

셋째, 무의식의 자아 (심층의식 2단계)

이 무의식의 자아를 부존재적 자아라고 한다. 부존재적 자아는 자아가 없는 것, 즉 무아를 의미한다. 무아는 작용으로서의 나는 있지만, 실체로서의 나는 없다고 보는 것이다. 작용으로서의 나가 있다는 것은 지금 이렇게 먹고 마시고 숨 쉬고 생각하는 나는 있다는 의미이고, 실체로서의 나는 없다는 것은 나를 탐구해서 깊은 의식의 층으로 가보면, 도무지 나라고 할 만한 것이 없다는 의미이다. 결국, 무의식의 세계에는 인간으로 살아가게 만드는 인간의식과 생명을 유지해 주는 생명의식만이 존재할 뿐 나라는 것이 존재하지 않는다.

이 무아는 불교사상의 핵심인 윤회에서 그 주체가 없다는 의미이다. 브라만(힌두)교에서 말하는 윤회의 주체인 아뜨만, 자이나교에서 말하는 지바(Jiva), 그리고 일반적인 종교에서 말하는 불멸의 영혼은 존재하지 않는다는 의미이기도 하다.

무아의 상태에서는 내면의 관찰자가 존재하질 않는다. 생명의 흐름과 의식의 흐름만이 있을 뿐이다. 그래서 내가 나를 속이는 것을 알고, 더 이상 속지 않는다는 것이다. 더 정확히 말하면, '나'가 존재하지 않기 때문에 속이는 주체도 객체도 없다는 의미이고, 이것이 동북아 불교에서 말하는 주관도 객관도 없는 상태, 오직 의식의 흐름만이 존재한다는 것이다. 그래서 자아에는 실체로서의 '나'가 없다는 것이고, 그래서 무아이다.

〈의식의 체계와 속성〉

의식 (意識)	구분	표면의식	심층의식	
	층위	현재의식	잠재의식	무의식
자아 (自我)	종류	가아(假我)	진아(眞我)	무아(無我)
	특징	일상적/욕망적	실체적 자아	부존재적 자아
	인지 방식	일반인지/ 상대인지	초월인지	무(無)인지
	속성	내가 나를 속이는 것을 모르고 속음	내가 나를 속이는 것을 알면서도 속음	속고 속이는 내가 존재하지 않음
수행법	화두	동정일여	몽중일여	숙면일여
		오매일여		

영혼과 자아

인류의 기원을 어디에 두어야 할까? 현생 인류의 기원을 호모사피엔스라고 한다면, 대략 20만 년 전이라고 할 수 있다. 인간이 영혼을 가지고 있다는 가정하에, 인간의 영혼은 그 이전에는 존재하지 않을 것이고, 그즈음부터 발생했다고 보는 것이 타당할 것이다. 그런데 이렇게 보면, 단순한 숫자가 맞질 않는다. 기하급수적으로 증가하는 현대의 인구수를 살펴보면 더욱 그렇다. 현재, 전 세계의 인구는 대략 80억 명이라고 하는데, 불과 50년 전인 1974년, 전 세계의 인구는 40억 명에 불과했다. 그럼 50년 동안 새롭게 만들어진 40억 명 인간의 영혼은 어디에서 비롯하는가? 실체가 있는 영혼이 윤회하는 것이라면 숫자가 터무니없이 모자란다.

이런 관점에서 영혼을 육체에서 벗어난 자아라고 전제한다면, 그 40억 명 영혼의 발생에 큰 의문이 생긴다. 밑도 끝도 없이 생긴 영혼이 갑자기 인간으로 태어나서 자아를 가진 실체적 존재가 만들어진다는 것인데, 근본적인 원인 없이 태어나서 존재하는 것도, 또 그때부터 개체로의 영혼이 윤회한다는 것도 말이 되지를 않는다. 갑자기 무존재가 존재가 되고, 다시 그 존재가 영원히 윤회한다는 것은 전혀 합리적이지 않다.

그래서 작용으로서의 자아는 존재하지만, 실체로서의 자아는 존재하지 않는다고 보는 것이 연기이고 무아이며 공이고 무자성이며, 인연에 의한 의식의 흐름만이 존재한다고 보는 것이다. 이것은 인간의 육체를 인연에 따라 물질이 모였다가 흩어지는 존재로 보는 것과 같다. 인간의 정신도 인연에 따라 식이 모였다가 흩어지는 존재로 보는 것이다. 결국 '나'라고 하는 것은 영원한 실체가 아니고, 인연에 의해서 조합되는 작용에 의한 '나'일 뿐이라는 것이다

> **윤회(輪回):** 인간은 죽어서 그 업에 따라 세상에서 나고 죽는 것을 거듭한다는 불교 교리
>
> **무자성(無自性):** 불교 용어로, 모든 사물이 스스로 존재하는 고유한 성질(자성)이 없다는 것을 의미

제9장

선禪, 붓다의 깨달음을 따르다

붓다의 깨달음, 선禪

　북방 대승불교의 선은 붓다의 깨달음과 맞닿아 있다. 복잡해진 교학적 불교에서 붓다 당시의 근본불교 수행으로 되돌아가자는 것이 선이다. 그런 의미에서 붓다의 깨달음 과정을 아는 것은 의미가 있다.

> 　붓다가 출가 후에 처음으로 찾아간 스승이 박가바이다. 이 스승은 고행을 통해 영혼이 순수해진다고 생각했다. 그리고 고행의 목적은 그런 순수해진 영혼으로 죽어서 천상에서 태어날 수 있다고 믿었다. 붓다의 목적은 천상에 태어나는 것이 아니라 현실에서 생로병사의 고통에서 벗어나는 것이었다.
>
> 　첫 번째 스승과 헤어진 그는 두 번째 스승인 알라라 칼라마와 세 번째 스승인 웃다카 라마풋다를 차례로 찾아가게 된다. 곧 그들의 경지를 초월한 붓다는 같이 교단을 운영하자는 제안을 뿌리친다. 그 이유는 선정 최고의 경지에 들었어도, 선정에서 깨어나면 마음의 괴로움은 사라지지 않았기 때문이다.
>
> 　더는 스승을 찾을 수 없었던 그는 이 문제를 해결하기 위해 6년 동안 고행을 한다. 이때 웃다카 라마풋다의 제자였던 다섯 명의 비구와 함께 고행한다. 6년간 고행을 하던 붓다는 현을 연주하는 연주자가 제자에게 하는 말을 우연히 듣게 된다. "현을 너무 강하게 당기면 끊어지고, 약하게 하면 소리가 나지 않는다." 이 말을

들은 붓다는 고행을 멈추고, 스스로 너무 강하게 당기기만 했다는 것을 느끼게 된다. 그래서 강에 들어가 몸을 씻고 우유 죽을 얻어먹은 후 보리수 아래에서 깨달음을 얻게 된다. 이때 붓다께서 깨달은 것은 우주의 원리인 연기설이다.

그렇게 깨달음을 얻은 붓다는 고민 끝에 진리를 세상에 펴기로 한다. 그리고 처음 찾아간 곳이 같이 고행했던 다섯 명의 비구이다. 이들은 붓다의 설법을 듣고 바로 깨우친다.

2,500년 전부터 전해져 내려오는 이 이야기의 사실 여부는 현재 우리가 정확히 알 수 없다. 하지만 이 이야기 안에 흐르는 큰 맥락에 대해서는 추론해 볼 여지가 많다.

우리가 이 이야기에서 첫 번째로 눈여겨봐야 할 부분이 있다. 그 시대에는 대표적인 수행방법이 선정(명상)과 고행이라는 점이다. 이 부분은 역사적 사실과 부합한다. 선정은 현대 명상의 개념과 가깝고, 고행은 불교 수행의 의미와 가깝다.

두 번째 주목해야 할 점은 선정 최고의 경지에 오르더라도, 선정에서 깨어나면 마음의 괴로움이 사라지지 않았다는 점이다. 선정을 통해서도 붓다께서는 도달하고 싶은 경지에 다다르지 못했고, 선정의 최고 경지를 경험했어도 선정에서 나오면 괴로움이 남아 있다는 점이다.

세 번째 주목해야 할 점은 붓다께서 다시 고행을 선택했다는 점이다. 첫 번째 고행 이후, 선정을 배우는 기간이 1년 정도임에 반해, 두 번째 고행의 기간이 6년이었다. 이 두 번째 고행은 첫 번째 고행과는 다른 의미로 시작했음을 알 수 있다. 첫 번째 고행의 목적이 천상에서 태어나기 위한 것이었다면, 두 번째 고행은 선정(명상) 상태가 아닌 일상의 상태에서도 괴로움이 없는 경지에 도달하는 것이 목적이었을 것이다.

네 번째 주목해야 할 점은 붓다께서 선정과 고행을 모두 버린 후에 깨달음에 이르셨다는 점이다. 선정의 단계 중 최고의 경지인 '비상비비상처정非想非非想處定'에 다다랐음에도 붓다는 6년의 세월 동안 인간이 할 수 없다고 생각되는 온갖 고통스러운 고행을 한다.

붓다께서 이렇게 오랜 시간을 고행에 바친 이유는 선정 상태(가만히 앉아 대상에 집중하여 고요한 명상 상태)가 아닌 일상에서도 괴로움이 없도록 하기 위해서였다. 하지만 6년의 고행을 한 뒤에도 깨달음을 얻지 못하셨고, 오히려 고행을 버린 후에야 비로소 깨달음을 얻는다. 결국, 선정과 고행을 모두 극한까지 밀어붙인 후, 이 둘을 모두 버리고 난 다음에 깨달음을 얻으신 것이다. 이때 깨달은 진리는 연기설이고, 실천 원리인 중도라고 불리는 팔정도이다.

결국, 붓다께서는 선정과 고행이라는 두 가지 수행법을

모두 해보신 후에야, 선정도 아니고 맹목적인 고행도 아닌 제3의 방법으로 깨달음을 얻으시고, 쾌락도 아니고 고통도 아닌 중도에 있다는 것을 깨달으신 것이다. 그런데, 불행하게도 붓다께서 보리수 아래에서 깨달았다는 사실은 전해지지만, 깨달음에 이른 제3의 방법에 관한 내용이 경전에 전해지지 않는다.

그렇다면 그 방법이 전해지지 않는 이유는 무엇일까? 그것은 선정이나 고행과 같은 어떤 특정한 방법이나 기법이 아닌 깨달음의 영역이기 때문이다. 이 지점이 북방불교의 선과 맞닿아 있다. 선도 특별한 기법이나 방법을 이야기하기보다는 깨달음의 영역을 강조하기 때문이다.

붓다의 수행

선정의 목적

선정의 목적은 내면의 고요함이다. 명상을 통해 선정 상태에 들어가게 되면 눈에 보이는 큰 의식의 파도가 고요해진다. 이렇게 큰 의식의 파도가 고요해지고 나면, 큰 파도에 가려져 잘 보이지 않았지만 언제나 존재하던 작은 의식의 물결이 보이기 시작한다. 이것이 다섯 가지의 장애이다. 감각적 욕망, 악의(성냄), 회의적인 의심, 혼침과 졸음, 들뜸과 우울, 이렇게 다섯 가지이다. 이 다섯 가지 장애는 언제나 존재했지만, 생리적 욕구와 사회적 욕망, 그리고 이로 인한 번뇌에 가려져 평소에는 보이지 않는 것들이다. 이후 더 깊은 명상 상태로 들어가면 이런 작은 의식의 물결도 가라앉는다.

하지만 이런 파도와 물결은 완전히 사라지지 않는다. 수면 아래에서 흐르는 해류처럼 숨이 죽어 보이지 않을 뿐이고, 인연에 의해 다시 일어난다. 그래서 붓다께서도 선정에서 나오면 괴로움이 다시 일어났다고 말씀하신 것이다. 그 이유는 인간은 육체적인 존재이기 때문이다. 즉, 인간은 감각을 통해 세상을 인지하고 육체를 통해 생명을 유지하고 있기 때문이다. 인간이 생명을 유지하고 감각을 통해 세상을 인지하는 한, 인간은 몸에 끌려다니게 되어 자아에 집착하여 욕망이 일어나는 것을 어찌할 수 없다. 인간의 정신이 육체에 속박된 것이다. 육체의 속박을 벗어나기 위해서는 고행이 필요해진다.

고행의 목적

고행의 목적은 의식의 확장이다. 사람은 다섯 가지 감각으로 최초의 의식을 만들어 내는데, 이 감각은 평생 쉬지 않고 의식을 만들어 낸다. 이렇게 만들어진 의식은 나와 만나 자아를 강화한다. 강화된 자아는 세상을 보는 필터를 만들어 편견을 만든다. 이런 의식의 편견은 자아가 존재하는 한 사라지지 않는다. 나이를 먹을수록 편견이라는 자아의 갑옷은 점점 강화되어 고집 센 노인이 되어간다. 그리고 결국 자아의 갑옷에 갇혀버린다.

고행은 육체를 극한까지 밀어붙여서 육체에 속박된 정신을 자유롭게 만들려는 것이다. '나'라는 정신인 자아는 속박된 의식이다. 인연에 의해서 모였다 흩어지는 의식일 뿐인데, 사람들은 육체라는 제한된 공간 속에서 나의 존재성이 진실이라고 생각한다. 존재하는 모든 것은 형태를 갖추게 되고, 형태로 존재를 인식한다. 즉, 나라고 인식하는 순간부터 자아가 만들어지고, 이렇게 만들어진 자아는 다른 사람과 구별되는 존재가 된다. 고행은 이런 나라는 의식의 형태를 깨뜨리는 작업이고 또한, 의식의 한계를 깨뜨리는 작업이다. 결국, 고행을 통해서 나라는 의식의 형태 혹은 한계를 완전히 깨뜨리면 무아가 되는 것이다.

중도

중도는 이런 선정과 고행을 통해 이룬 모든 것을 포함하는 것이다. 명상을 통해 선정에 들어 의식을 고요하게 만들고 고행을 통해 의식을 확장한다. 이렇게 선정은 무념무상의 상태로 들어가는 것이 목표이고, 고행은 무아무심의 상태가 되는 것이 목표이다.

그러나 선정을 통해 무념무상을 이룬다고 해도, 선정에서 나오면 무념무상은 사라지고 다시 괴로움이 나타나게 되고, 고행을 통해 무아무심을 이루더라도 무아인 자신의 한계가 남게 된다. 결국, 중도란 선정을 통해 고요함의 극점인 무념을 이루고 고행을 통해 무아를 이룬 뒤에, 이 두 가지를 모두 버려야 깨달음에 이를 수 있다는 것이다.

결국, 선정에서 나오면 다시 괴로움이 찾아오기 때문에, 선정에만 머무르려고 하는 것을 정신적인 쾌락의 상태인 락樂이라고 보고, 육체적인 한계를 극복함으로써 무아에 이르는 육체적인 고행을 고苦로 보아서, 선정주의(명상주의)와 고행주의을 뛰어넘은 제3의 방법을 고락중도苦樂中道로 볼 수 있다. 그리고 고락중도를 통해서 해탈에 도달할 수 있다고 보는 것이다.

고락중도의 두 가지 설명

붓다께서는 선정과 고행을 모두 닦았고, 선정과 고행을 버리신 후에, 제3의 방법으로 깨달음을 얻으신 것은 부인할 수 없는 사실이다. 그러나 현대 명상뿐만 아니라 불교계에서도 명상만 중요시하고 고행을 도외시하는 경향이 두드러진다. 심지어 선정에 해당하는 명상만이 깨달음에 이르는 유일한 길이라고 주장하며, 붓다께서 해탈에 이르신 방법 또한, 선정이라고 말하는 사람들도 존재한다.

고행을 부정하는 사람들이 내세우는 근거는 남방불교의 고락중도 개념이다. 하지만 같은 고락중도라도 북방불교에서는 다르게 해석하고 있다.

남방 상좌부불교의 고락중도

[초전법륜경初轉法輪經(Dhammacakkappavattana Sutta)]은 부처님께서 깨달음을 얻은 후, 베나레스 근처 사르나트의 녹야원에서 다섯 비구에게 처음으로 설법한 내용을 담은 경전으로 알려져 있다.

이 경은 다른 경전들과 마찬가지로, 붓다 열반 후 500여 년 동안 구전되어 오던 내용을 스리랑카의 제4차 불교 결집(기원전 29년경)에서 그 당시 인도 중서부의 일반 대중 언어인 팔리어의 문자로 기록한 것이다. 남방 상좌부불교를 뜻하는 테라와다불교의 경전인 [팔리삼장(Tipitaka)]에 담겨있는 이 경전은 사성제, 팔정도, 고락중도에 관해 설명하고 있다.

특히 고락중도에 대해서는 감각적인 쾌락과 맹목적인 고행 어느 것도 진정한 해탈로 이끄는 길이 아님을 깨닫고, 고락의 두 극단을 떠난 중도를 설파하셨다고 한다. 초기 불교의 중도(팔정도 포함)는 지나친 고행도, 지나친 쾌락도 아닌 올바른 삶의 길을 찾는 것을 의미한 것이다.

북방 대승불교의 고락중도

북방불교에서는 중도를 물리적인 고통과 쾌락을 넘어서, 모든 이분법적 사고를 초월하는 가르침으로 해석한다. 즉, 단순히 육체적 고통과 쾌락을 벗어나는 것이 아니라, 존재와 공의 본질적 이해에서 중도를 찾는 것이다. 고락중도는 단순히 삶의 고통과 쾌락에 대한 기계적인 중립을 말하는 것이 아니고, 고통과 쾌락을 포함하는 모든 현상이 공空이라는 본질적 진리를 깨닫는 것으로 확장된다. 고와 락이 모두 연기에 따라 발생하는 일시적 현상임을 깨닫고, 어느 한쪽에도 집착하지 않는 것을 강조한다.

즉, 고락중도는 단순한 고통과 쾌락의 균형이 아니라, 이 둘을 모두 상대적이고 공한 현상으로 보고 집착에서 벗어나는 것이다. 대승불교에서 중도는 유와 무, 고와 락, 생과 사와 같은 모든 이분법적 사고를 초월하는 궁극적 깨달음으로 확장된다. 이 깨달음에 이르는 과정에서 보살행菩薩行이 필수적이며, 진정한 중도는 고락의 상태에 휘둘리지 않는 자유로운 마음을 의미한다.

공사상: 모든 현상이 자성(고유한 실체)이 없다는 것

연기: 모든 현상이 서로 의존하며 발생하고 변화한다는 것

무자성: 모든 사물이 스스로 존재하는 고유한 성질(자성)이 없다는 것

무아: '나'에게 자성이 없다는 것 즉, 실체적인 나는 없다는 것

보살행: 보리심을 바탕으로 중생 구제하려는 마음

보리심菩提心: 깨달음을 추구하는 마음

고락중도의 논리적 해석

붓다께서 깨달음에 이른 수행의 실천 원리인 중도는 고

락중도를 의미한다. 고락중도의 고락을 설명할 때 보통은 고통과 쾌락으로 설명한다. 그리고 육체적인 쾌락과 맹목적인 고행을 떠나야 깨달음에 이를 수 있다고 한다. 맹목적인 고행을 하지 말아야 한다는 말은 어느 정도 이해가 되지만, 뜬금없이 육체적인 쾌락을 말씀하신 이유는 무엇일까? 과연 이 말이 맞을까?

이 의문을 풀기 위해서는 먼저 고와 락의 의미가 무엇인지 생각해 볼 필요가 있다. 일반적으로 고락은 고통과 쾌락을 의미한다. 고통의 반대말이 쾌락이다. 이런 일반적인 해석과는 달리, 남방불교 기반의 명상에서 고락중도의 고와 락을 고행과 쾌락으로 해석한다. 그런데 여기에서 쾌락의 반대편에 있는 것을 고행으로 보는 것은 애매하다. 오히려 쾌락의 반대를 금욕으로 보는 것이 더 밸런스가 맞는다. 쾌락은 육체적 감각적 욕망의 즐거움을 추구하는 것이고, 금욕은 육체의 감각을 제어하여 욕망을 절제하는 것이다. 즉, 욕망이라는 관점에서 쾌락은 감각적 즐거움을 추구하는 것이고, 금욕은 감각적 즐거움을 절제하는 것이다. 이에 반해 고행은 욕망과 관계없이 어떤 목적을 위해 육체에 고통을 주는 행위라고 할 수 있다.

붓다 당시의 시대적인 상황을 살펴보면, 이 시대에는 여러 종류의 사상가들이 나타났다. 대표적인 사상은 쾌락주의와 금욕주의, 그리고 고행주의이다. 쾌락주의자는 현실적인 세계에 대한 긍정으로, 물질적인 만족과 감각적인 쾌락을 통한 물질과 감각에 의한 경험적인 행복이 중요하다는 유물론적인 사상을 가졌다. 금욕주의자들은 감각을 지닌 인간의 육체적 욕망을 제한함으로써 신성과 만나거나 내면의 평화를 찾을 수 있다고 보았다. 고행주의자는 금욕주의의 심화 단계로 보아도 무방하다. 그 당시 대부분의 고행주의자는 천상에서 태어나기 위해 고행을 하기도 하고, 또 다른 무리는 영혼을 맑게 하여 업을 소멸하기 위해서 고행을 했다.

이 당시 세상을 버리고 머리를 깎고 숲에 들어가 수행하는 출가수행자인 사문은 금욕주의자에 가까웠다. 수행법이 선정이든 고행이든 기본적으로 금욕을 통해 육체적인 욕망을 다스려서 정신을 정화해 나가는 방법이 기본이었고, 붓다와 같은 사문뿐만 아니라 브라만교나 자이나교, 그리고 다른 사상가들도 기본적으로는 비슷한 상황이었다.

붓다는 출가 이전부터 감각적 쾌락이 괴로움의 원인이라는 것을 잘 알고 있었고, 그 당시 출가수행자인 사문들의 기본적인 상식이었다. 출가 그 자체가 괴로움의 원인인 감각적이고 육체적인 쾌락에서 벗어나, 절제되고 금욕적인 수행을 통해 영혼을 맑게 하거나 업에서 벗어나려는 행위이기 때문이다. 즉, 쾌락은 출가수행자의 기본적인 금기였고, 금욕은 수행의 출발점이다. 이런 이유로 고와 락을 고행과 쾌락으로 보는 것은 무리가 있다.

이보다는 고와 락을 고행과 선정으로 보는 것이 붓다의 수행 과정을 되돌아봐도 더 적절하다. 선정을 정신적인 쾌락이라는 관점에서 보면 이해하기 쉬워진다. 선정 상태에 있을 때만 괴로움이 없다면, 그것은 정신적인 도피, 혹은 정신적인 쾌락 혹은 즐거움이라고 보아도 무방하기 때문이다. 그리고 고는 말 그대로 육체적인 고행으로 보면 된다. 육체적인 고행에서도 맹목적인 고행을 의미한다. 붓다께서 고행 그 자체를 부정한 것이 아니라 영혼의 정화를 위한 맹목적인 고행을 부정한 것으로 보인다. 육체의 한계를 타파하려는 고행이 아닌, 고행을 위한 고행인 맹목적인 고행을 부정했다. 이렇게 정신적인 쾌락인 선정과 육체적인 고통인 고행을 고락중도의 고락으로 보는 것이 붓다의 수행 과정인 1년의 선정 명상과 6년의 고행 수행 이후, 알려지지 않은 제3의 방법으로 깨달음을 얻고 연기설과 고락중도를 설하신 맥락과 들어맞는다.

고락중도의 새로운 해석

그렇다면 고락중도는 무엇인가? 정신적인 도피에 해당하는 선정과 고행 자체에 의미를 두는 맹목적인 고행에서 벗어나서 수행하는 것을 말한다.

선정을 일종의 정신적인 만족이며 쾌락이라고 보는 관점

에서 보면, 정신적인 몰입의 상태에서 아무리 지고한 경험을 하더라도 선정에서 벗어난 현실 세계에서 사용할 수 없다면, 선정은 현실도피인 정신적인 쾌락에 불과하다는 것이고, 현실의 괴로움을 잊기 위해 잠시 정신의 세계로 도망가는 것에 불과하다고 보는 것이다. 붓다는 선정 최고의 경지인 비상비비상처정에 오르고 나서도 선정에서 깨어나면 괴로움이 다시 일어났기 때문에 6년의 고행을 한 것이다. 선정 그 자체를 부정하는 것이 아니라 선정의 한계성을 느끼고 그 한계를 극복하고자 고행을 한 것이다.

붓다의 고행은 자신의 육체적 한계를 뛰어넘음으로써 정신적 경계를 확장하려는 의도에서 하는 것이다. 하지만 고행에도 한계점이 존재한다. 아무리 고행한다고 해도 육체에 깃든 생명의 한계를 뛰어넘을 수 없기 때문이다. 즉, 죽음이라는 한계가 존재한다. 이 말은 죽지 않을 정도로 극한의 고행을 하더라도, 결국 미세한 자아가 남아 있게 되는 것이다.

결국, 선정을 통해 얻은 마음의 안정이라는 토대와 고행을 통해 얻은 미세한 자아를 놓을 때, 깨달음에 이를 수 있는 것이다. 이것이 북방불교에서 주장하는 고락중도의 의미와 전체적인 맥락에서 통한다고 볼 수 있다.

붓다께서 중도를 깨달은 과정을 통해서 우리가 알 수 있는 점은 선정과 고행을 전제로 하고 있다는 점이다. 양변이 있어야 중간이 존재하는 것처럼, 선정과 고행 없는 중도는 존재하지 않는다. 선정도 없고 고행도 없다면 중도는 존재할 수 없다. 선정을 통해 마음의 안정을 이루고 고행을 통해 극한의 자아를 경험한 이후에, 두 개의 양쪽 변에서 그 양변을 버리든 혹은 양변을 모두 포함해야 중도를 행할 수 있는 것이다. 결국, 고락이 없다면 중도는 없는 것이다.

선과 중도

붓다께서 깨달은 수행의 실천 원리인 중도의 의미는 무엇일까? 보통 중도는 양변을 따르지 않는 것을 의미하며, 또한 여덟 가지 실천 원리인 팔정도로 의미가 확장되기도 한다. 즉, 중도는 양변을 여읜 것을 의미하지만, 다른 의미로는 양변을 포함하는 것이기도 하다.

이것은 중국을 중심으로 하는 동북아의 동양철학에서 말하는 중용과는 차별되는 중요한 부분이다. 중용은 양극단의 중간을 선택하는 것이다. 그래서 좋은 의미로는 한쪽에 치우치지 않는 마음이고, 나쁜 의미로 말하면 이도 저도 아닌 어정쩡한 상태가 된다. 또한, 중용은 중국의 대표적인 정치철학의 개념으로 철학적 수행적 개념이 아니라 도덕적 윤리적 측면이 더 강하다.

이에 반해 중도는 선정(명상)도 버리고 고행도 버린 자리에서 행하는 수행의 실천 원리이다. 또한, 더 깊은 의미로는 선정도 포함하고 고행도 포함하는 것이다. 그래서 중도는 깨달음의 관점에서 본 개인의 수행 원리이자 실천 원리이다.

온도의 비유

사람이 살기 좋은 온도는 몇 도일까? 우리가 살면서 쾌적하다고 느끼는 봄이나 가을 온도를 보면 12도 - 22도 사이라고 한다. 습도에 따라 다르겠지만 평균하면 대략 17도 정도의 온도가 제일 쾌적한 상태일 것이다. 이렇게 제일 쾌적한 상태를 찾아 나가는 것이 중용이라고 할 수 있다. 중용은 치우치지 않은 적절한 상태를 찾아 나가는 것이라고 할 수 있다.

하지만 불행하게도 인간은 그런 쾌적한 온도에서만 사는 것은 불가능하다. 우리나라의 경우, 17도의 쾌적한 삶만을 영위하고 살 수 없다. 영하 20도에 육박하는 겨울의 혹한도 견뎌야 하고 영상 40도에 다다르는 한여름의 더위도 이겨내야 한다.

즉, 중도의 양변을 여읜다는 관점에서는 추위도 잊고 더

위도 잊은 채 그대로 살아간다는 의미이고, 양변을 포함한다는 관점에서는 추위와 더위 속에서 차가움과 뜨거움을 느끼기는 하지만, 그 감각에 물들지 않고 있는 그대로 살아간다는 의미이다. 이것을 중도라고 할 수 있다. 중도는 양변에서 벗어나서 중간을 선택하는 것이 아니라 양변을 알고 느끼면서도 치우치지 않고 포함한 채 변하지 않는 마음을 찾아 나가는 것을 의미한다.

선은 한편으로는 명상을 통해 자아를 안정시키고, 다른 한편으로는 고행을 통해 마음의 경계를 타파해서 자아의 한계를 인지한 후, 마지막에는 자아를 버리고 무아로 나아가는 것이다. 결국, 자아를 긍정하는 명상과 자아를 부정하는 수행을 버리고 무아로 나아가는 것이다. 그리고 마지막엔 무아마저 버려서 깨달음이라고 하는 해탈의 세계로 나가는 것이다.

선정과 고행

선정과 명상 – 마음을 가라앉히는 것

마음을 온도에 비유해 보자면, 선정이나 명상은 17도의 쾌적한 상태에 머물도록 하는 것이다. 선정에 들면 마음이 가장 쾌적한 17도가 되는 것이다. 그래서 평온해지고 고요해진다. 선정(명상)을 통해 얻는 것은 무념무상이다. 마음이 평온해지고 고요해져서 일어나는 생각도 쉬고 일으키는 생각도 쉬게 된다.

하지만 일상의 삶에서 마음 온도를 17도의 상태로 유지하는 것은 불가능에 가깝다. 사람이 살아간다는 것은 한 치 앞을 내다볼 수 없다. 그래서 일상의 삶에서 마음 온도는 영하 10도에서 영상 30도를 오르락내리락한다. 추위에서는 움츠러들고 더위에서는 지치고 짜증이 일어나서, 17도의 마음을 유지할 수 없게 된다. 그러다가 더 추워지거나 더워지면 자신조차 잃어버리고 괴로움과 고통만이 나의 의식을 지배한다. 이렇게 되면, 선정이나 명상은 소용이 없어진다. 이렇게 17도의 마음이 유지되는 줄 알지만, 혹한과 혹서의 온도가 찾아오면 평정심이라고 생각했던 마음은 쉽게 무너진다.

고행과 수행 - 마음의 한계를 극복하는 것

그러나 만약 시베리아나 북극에 사는 사람이거나 적도 부근에 사는 사람이라면, 그런 혹한과 혹서의 온도에서 추위와 더위는 느끼지만, 그것 때문에 고통과 괴로움에 의식을 지배당하지는 않을 것이다. 그 이유는 겪어봤기 때문이다. 수행은 이렇게 마음의 한계, 마음의 극점을 경험해 보는 것이다. 그런 마음의 한계점에서 어떤 마음이 일어나는지, 얼마나 내 마음이 약하고 보잘것없는 상태인지 알아보는 것이다.

마음의 극점이나 한계, 혹은 자아의 경계를 경험해 보아야, 보통 때는 보이지 않던 마음 밑바닥에서 일어나는 중생심을 알 수 있게 된다. 그렇게 마음의 밑바닥인 중생심을 낱낱이 경험하고 나면, 고통과 쾌락의 허망함과 자아의 무의미함을 눈치챌 수 있게 된다.

인간의 정신은 육체와는 달리 한계점이 명확하지 않다. 한계점인 나의 경계 혹은, 자아의 한계는 사실은 존재하지 않는 가상의 세계이기 때문이다. 그런데 인간은 자신이 설정해 놓은 나의 경계 안에서 자아를 형성하여 자신의 한계점을 만들 뿐이다. 수행(고행)을 통해 육체의 한계를 극복하는 순간, 인간의 정신도 함께 한계를 뛰어넘어서 새로운 자아로 나아간다. 이렇게 자신을 속박하고 있는 자아에서 벗어났을 때, 인간은 성장한다. 자신을 속박하는 자아에서 벗어나게 되면 또 다른 자아가 나타나지만, 자신을 속박하는 자아를 넘어서는 탈아의 과정을 반복하다 보면, 과거의 나와는 확연히 다른 자신을 발견하게 된다. 과거에 자신을 옥

죄여오던 자아의 틀이 현저히 커져서, 그 전과는 다르게 의식이 자유로워짐을 알게 된다. 전보다 더 커진 경계의 자아 안에서 훨씬 자유로운 의식을 가지게 된다. 이 과정에서 고행이 필요한 것이다.

중생심: 일반적인 사람들이 가지고 있는 보편적인 마음

중생이 일으키는 미혹한 마음

제10장

선禪에서 화두話頭까지

선의 출현

선이라는 단어의 어원을 살펴보면 인도 산스크리트어인 드야나(dhyana)에서 유래된 말로, 생각하여 닦는다 또는, 고요히 생각한다는 의미로 해석되고, 중국에서는 이 단어를 선나禪那로 음역하여 불교 수행법을 나타냈고, 현재는 선으로 일반화되었다. 그러나 선이라는 단어는 단순한 드야나(dhyana)의 의미를 넘어 불교 수행의 한 방법으로 통칭한다.

중국을 중심으로 하는 북방 대승불교는 시대별로 다른 양상을 보인다. 초기 인도 불교가 중국으로 전래된 시기의 초기 북방불교는, 시간이 지남에 따라 발전을 거듭하여 중국 고유의 불교로 발전한다. 중국의 초기 불교는 경전 중심의 불교 철학에 가까웠다. 많은 소승경전(상좌부경전)과 대승경전이 섞여서 들어오고, 이것을 정리하는 과정을 교상판석이라고 하는데, 시대별·주제별로 정리하고 분류하였다. 이 시기의 불교를 이론에 근거한 철학적이고 사상적인 학문적 불교라고 해서 교학教學불교, 또는 교종教宗이라 한다.

이런 과정에서 천태종의 천태지관天台止觀이라는 남방 상좌부불교에 기초한 수행법이 시도됐으나, 널리 퍼지지 못했다. 이후 대승불교에 기초한 화엄종 등 여러 종파가 명멸했지만, 그때까지는 교학 중심의 학문적인 불교에 가까웠다.

이에 중국의 풍토에 맞는 고유 수행법의 필요성이 대두되었고, 그것이 당나라의 선종禪宗이다. 이론 중심의 교학이 아닌 실질적인 수행 중심의 선종은 학문에 얽매이지 않은 활발하고 자유로운 기풍으로 그 당시 중국 불교계에 새로운 바람을 불어 넣는다. 기존의 학문적인 불교에서 벗어나 부처님 당시의 수행 중심 불교로 돌아가는 흐름이 생겼다. 이렇게 수행을 통해 깨달음을 얻으려는 것을 선이라고 하였고, 이에 따라 수행 중심의 불교를 선종이라고 칭하였다.

중국의 선종이 화려하게 꽃을 피우는 시기는 양나라 무제 때 중국으로 넘어온 초조 달마대사에서 6대를 내려가 혜능대사의 시대가 되면서부터이다. 이후 선종 5가7종의 종파가 만들어지면서 이른바, 선의 황금시대가 열리게 된다.

이 시대의 큰 스승을 의미하는 선지식들의 수많은 선의 대화를 선문답이라고 하고, 이를 공안이라고도 한다. 선지식의 공안을 참구參究하는 것을 공안선이라고 한다.

세월이 흐름에 따라 공안을 학문적으로 정리하여 해석하는 경향이 만들어진다. 그리하여 선문답을 정리한 1,700개의 공안이 만들어진다. 그러다가 송대의 대혜종고 선사에 의해서 간화선이 주창되는데, 이것은 화두를 간看하는 것을 의미하며, 여기에서 간의 의미는 '세밀하게 살피어 본다'라는 의미이고, 화두는 선문답인 공안에서 가장 중요한 핵심 문장이나 단어를 의미한다.

 그러나 시간이 흐르며, 이렇게 정리된 공안 혹은 화두는 사실상 학문화되어, 또 다른 의미의 교종이 되는 기현상이 발생한다. 결국, 학문화된 공안과 화두는 오히려 의식을 제한하게 되어 자유롭고 활발했던 선의 기풍이 사라지게 되어, 살아있는 선이 아닌 죽은 선이 되어 버린다. 그렇게 송나라에 이르러 선의 황금시대는 저물게 된다.

> **5가7종:** 중국 당·송대에 형성된 위앙종·임제종·조동종·운문종·법안종의 다섯 개의 종파와 임제종에서 분립한 황룡파·양기파의 두 개 종파를 합한 선종禪宗의 일곱 종파

선의 의미

언어도단 불립문자言語道斷 不立文字

 선은 무엇일까? 선에 대한 여러 설명이 많지만 사실 명확

하게 '이것이다'라고 할만한 설명이 쉽지만은 않다. 그러면 선을 어떻게 정의해야 할까?

일반적으로 선은 논서나 경전에서 설명된 마음을 머리로 이해하는 것이 아닌, 수행을 통해서 직접적으로 체험하여 체득하는 것을 의미한다. 선은 그 당시 중국에 퍼져있는 학문적 불교에 대한 반발로서, 붓다 당시의 수행 위주의 불교로 돌아가자는 것이다. 즉 학문적 불교인 교종의 한계를 지적하는 동시에, 실질적 체험적 수행을 통해 마음의 본질로 바로 들어가자는 것이다.

이에 대해, 언어로서 마음의 이치를 이해하는 것을 해오解悟라고 하고, 마음의 본질을 그대로 깨닫는 것을 증오證悟라고 한다. 이치로 마음을 이해하는 것은 학문적 지식에 불과하다. 불교에 대한 학문인 불교학은 다른 학문과 마찬가지로 언어에 의한 학문적 체계를 발판으로 펼쳐진 이론일 뿐이고, 이런 이론을 통해 이해하는 것이 해오에 해당한다. 예를 들면, 음악을 이론적으로 배우고 이해한다고 해서 좋은 음악을 만들어 내는 뮤지션이나 음악가가 되지 못하는 것과 비슷하다. 학문적인 이론을 외우고 이해한다고 해서, 불교의 본래 목적인 해탈에 이를 수는 없다. 음악과 마찬가지로 마음의 본질을 아는 것은 언어 이전, 생각 이전의 세계이기 때문이다.

이런 이유로 선에서는 언어도단 불립문자를 주장한다. 해석하면 '언어가 끊어지고, 문자가 서지 못하는' 것으로, 언어와 문자에 의한 논리적인 인식 체계만이 의식의 전부가 아니라고 보는 것이다.

　마음의 괴로움은 언어에 의한 논리로 해결할 수 없다는 것은 누구나 아는 사실이다. 논리적으로 마음의 괴로움을 이해하더라도 마음의 괴로움 그 자체는 사라지지 않는다. 이처럼 인간의 의식(마음)은 언어의 한계를 넘어서, 언어가 도달하지 않는 부분까지 포함한다. 이와 비슷한 개념으로 직지인심直指人心 견성성불見性成佛이라는 말이 있다. 자신의 본성을 깨달으면 곧 부처가 될 수 있다고 한다. 선종은 문자나 경전에 의존하지 않고, 마음을 직접적으로 이해하고 본성을 깨닫도록 돕는 것을 목표로 한다.

선명상과 선수행

　선이 무엇인지 이해하기 위해서 선을 크게 두 가지로 나눠서 생각해 봐야 한다. 선을 선명상과 선수행으로 나누어서 보는 것이다.

　선명상은 우리가 일반적으로 알고 있는 명상의 범주에 해당한다. 대상에 집중하는 명상을 통해서는 마음을 가라앉혀서 고요해지는 상태인 선정에 이르게 된다. 그래서 선명상은 자아의 틀 안에서 자기를 긍정한다. 감각, 감정, 생각을 긍정한 상태에서 마음을 고요하게 만드는 것이다.

선수행은 불교만의 독특한 수행 방식이다. 마음의 고요는 선정인 상태에서 가능하다. 그러나 선정에서 나오면, 언제든 원래의 상태로 돌아갈 수 있다. 경계를 만나면 마음에 다시 괴로움이 일어나는 것이다. 그래서 선수행은 수행을 통해 자아의 틀을 깨기 위해 자기를 부정한다. 자기를 부정하기 위해서 감각, 감정, 생각을 모두 부정한다. 나아가 자아조차 부정한다. 정확히는 자아를 가상의 나로 보고 자아의 경계선을 타파해서 무아로 나아가려는 것이다.

선명상을 통해 마음을 고요하게 하고, 선수행으로 마음마저 부정하여 무아가 되고, 이후 무아마저 사라졌을 때, 해탈에 이를 수 있다고 보는 것이 선의 원리이다.

선의 장단점

선은 깨달음에 이르기 위한, 아무런 문제가 없는 좋은 방법일까?

붓다께서 깨달음에 이르신 방식은 그 원형이 정확하게 전해지지 않는다. 현재 남방불교의 사마타와 위빠사나 역시

20세기 초에 미얀마의 스승들에 의해 재정립된 방식일 뿐 붓다의 방식이 아니다.

그에 비해 선은 비록 원형이 아니더라도, 천년이 넘는 시간 동안 수많은 선지식에게 이어져 내려온, 여러 면에서 검증된 깨달음 방식이라서 가장 부작용이 적다. 선은 현재 우리가 할 수 있는 최고의 방법은 아니더라도, 최선의 방법이 될 수 있다.

그러면 선에는 어떤 장점이 있는지, 또한 어떤 단점이 있는지 살펴보겠다.

선의 장점

첫째, 선의 수행법인 화두선·간화선의 가장 큰 장점은 학문적 기반이 필요하지 않다는 점이다. 직지인심 견성성불이라는 말처럼 선의 장점은 돌아가지 말고 화두를 통해 곧바로 마음을 향하면 누구나 깨달을 수 있다는 점이다.

둘째, 화두만을 들고 하는 단순하고 직관적인 수행 체계이다. 여기에 학문의 높고 낮음이나 학식의 넓고 좁음이 필요하지 않고, 한 마음으로 공부를 지어가면 깨달을 수 있다는 것이다. 이것은 불교의 인간에 대한 평등 정신과도 맞닿아 있다. 사회적·학문적·권력적 위치와는 상관없이 오직 화두를 가지고 하는 평등한 게임인 것이다.

셋째, 역사적으로 검증된 방법이다. 역사적으로 검증이 됐다는 의미는 이 방법으로 깨달음에 이를 수 있다는 것을 실증적으로 보여줬다는 것과 설사 깨달음에 이르지 못하더라도 부작용이 없다는 것이다. 과거 천 년이 넘는 세월 동안, 수많은 깨달은 스님들을 통해 선의 유효성이 보여줬고, 또한 수많은 깨닫지 못한 스님들을 통해 화두선이 큰 부작용이 없다는 것도 역사적으로 검증이 되었다.

넷째, 선은 불교의 종교적인 측면과 상호 보완 관계인 것이다. 우리나라의 불교는 종교 부분과 명상 부분이 있다. 이 두 부분의 경계는 모호하지만, 상호보완적이라서 이 둘을 분리하기가 쉽지 않다. 명상을 통해 종교적인 체험을 보완하기도 하고, 종교적인 활동을 통해 명상적인 체험을 증진하기도 한다. 보통 말하는 상구보리上求菩提 하화중생下化衆生이라는 위로는 깨달음을 구하고, 아래로는 중생을 교화한다라는 불교의 슬로건은 이 의미를 집대성한 것이라고 할 수 있다.

선의 단점

첫째, 한문 위주의 경전에 의지한다는 점이다. 한문은 한국인들에게 사실상 외국어이다. 한자는 중국의 오래된 역사만큼, 표의문자로서 글자 하나에 수많은 의미를 담고 있다.

또한, 그 역사 속에 주류를 이뤘던 유교의 영향으로 한자는 그 이면에 유교의 철학적인 의미를 내포하는 경향이 있다. 불교 경전을 해석할 때, 유교적인 개념이 들어가게 된다. 이런 이유로 현대의 한국인들이 경전을 통해, 혹은 해석된 경전을 통해 선을 이해하는 것은 쉽지 않다. 한자의 모호성을 주관적으로 해석할 여지가 많은 것이다.

둘째, 간화선의 정의와 설명의 모호함이다. 이것은 첫째 이유와 맞닿아 있다. 사실 간화선을 이해하려고 해도, 수많은 한자와 모호한 설명으로 진입장벽이 생각보다 높다. 원래의 화두선·간화선은 화두를 들고 하는 간단한 방법이었는데, 이해하기 위해 책을 읽으면 읽을수록 모호한 설명과 해석으로 어려워지고 복잡해진다. 또한, 용어의 폐쇄성으로 인해, 그들만의 리그가 되어버린다. 어려운 용어와 함축적인 정의는 높은 진입장벽을 만들었다.

셋째, 이런 이유로 비논리적 수행 풍토가 생겼다. 마치 서로 자신이 깨달은 사람인 양 경쟁한다. 깨달음의 영역을 설명할 때, 요즘 사람들은 이해하기 어려운 비유법을 사용한다던가 혹은 마치 본인이 깨달은 사람인 것처럼 설명하기도 한다. 깨달음은 설명될 수 없고, 깨달은 사람은 굳이 설명하려고 애쓰지 않는다. 단지 침묵하며 시절 인연을 기다릴 뿐이다. 그런데도 깨달음도 없이 언어유희에 빠져 - 특히 어려운 선문답을 사용하며 – 깨달은 척하는 사람들도 많다.

넷째, 종교와 명상의 개념 분리가 어렵다는 점이다. 앞에서 종교와 명상의 상호 보완 관계가 장점이라고 설명했지만, 어떤 부분에서는 종교와 명상의 경계가 희미해서 생기는 문제점도 존재한다. 불교라는 테두리 안에서 기복적인 종교와 명상적인 수행(선)은 사실 이질적인 존재이다. 같은 단어를 명상의 관점과 종교의 관점에서 다르게 해석할 여지가 많다. 비록 연기설과 업설, 사성제 등의 기본 개념을 양쪽 다 공유하지만, 수행 쪽은 팔정도를 중요시하고 종교 쪽은 육바라밀을 더 중요시하는 경향이 있다. 더구나 정토종 계열은 종교적인 성향이 아주 강하고, 서방정토西方淨土 극락세계極樂世界라는 죽음 뒤의 이상세계를 설정한다. 이것은 사실 불교의 기본 교리인 연기설과는 대립적인 관계이다.

팔정도: 불교에서 깨달음에 이르기 위해 수행해야 하는 여덟 가지 덕목

육바라밀: 대승불교에서 보살이 수행해야 하는 여섯 가지 덕목

정토종: 중국 당대에 시작해서 대중 친화적이고 신앙적인 측면이 강하고, 염불 수행을 통해 극락왕생을 하고, 이를 통해 깨달음에 이른다는 교리를 가지고 있는 종파

선의 근원 – 인도불교

불교라는 카테고리 안에서, 불교 혁신 운동은 크게 두 번 있었다. 하나는 기원 전후 인도의 대승불교이고, 다른 하나는 7세기 무렵 중국의 선불교이다. 둘의 공통점은 복잡한 이론 중심의 교학적인 불교에서 벗어나서, 초기 불교의 정신인 수행 중심의 불교로 돌아가자는 것이다.

기원전 5세기경 붓다 입멸 후, 그 당시의 승려는 붓다의 말씀을 틀리지 않게 전하기 위해 결집結集이라고 하는 회의를 통해 붓다의 말씀을 공식화하고자 했다. 이때 합의의 형태로 만들어진 것을 부처님의 말씀인 경과 불교의 계율인 율로 공식화됐지만, 붓다의 말씀은 문자로 기록되지 않고 암송되어 승려들 사이에 전승되었다.

그러나 이런 암송과 구전의 전통은 시대의 흐름과 지역의 다변화로 조금씩 변질되기 시작한다. 그 이유 중 하나는 암기해서 노래처럼 외우는 암송 전승의 정확성 문제 때문이다. 인간의 능력으로 수많은 붓다의 말씀을 토씨 하나 틀리지 않고 외워서 전승하는 것은 불가능하다. 또한 그 당시 인도 내에 있던 수많은 지역어로 번역되어 암송되는 과정에서 오류가 만들어졌을 가능성이 크다. 다른 하나는 암송하는 내용에 암송하는 자의 생각이 포함되는 점이다. 암송하는 자의 지적 능력과 성품에 따라 암송 내용에 대해 자신도 모르게, 혹은 일부러 암송의 내용에 자기 생각을 집어넣게 된다. 시대가 흐름에 따라 암송하는 자들 사이에 내용의 차이가 발생하게 되고, 결국 붓다의 말씀을 해석하고 보충하는 작업이 이루어지게 되는데, 이를 경과 율에 대한 보충 해석과 주석인 론이라고 한다. 결국, 초기 붓다의 말씀이 왜곡되고 변형되는 것은 필연적이었다. 이런 암송 전통은 기원전 1세기경 문자로 기록되기까지 4-5백여 년간 지속된다.

붓다 입멸 후 100여 년의 시간이 흐른 기원전 4세기 무렵, 불교 승단은 사상적 대립이 시작되어 분열했다. 붓다의 말씀을 해석하는 방식의 차이를 극복할 수 없었기 때문이다. 그 결과, 교단은 대중부와 상좌부로 분열되었고, 이후 각각의 지파로 다시 분열되어 수십 개의 교단이 만들어진다. 이 시대를 일컬어 '부파불교'의 시대라고 한다.

세월이 흐른 뒤, 기원 전후에 인도에서 대승불교가 만들어진 이유는 기존의 불교, 즉 부파불교가 너무 이론적이고 학문적인 방향으로 흘러갔기 때문이다. 붓다의 초기 불교는 이렇게 학문적이지도 않아서 복잡하지 않았다. 그러나 붓다 입멸 후, 붓다의 말씀을 분석하여 해석하고 기록하는 과정에서 이론화·학문화 된다. 학문화는 이론을 위한 이론이 되어버렸고, 시간과 돈과 학식이 있는 일부 특수 계층만을 위한 불교가 되어갔다. 자연스럽게 불교는 일반 대중들과는 유리되기 시작했고, 이에 따라 원래의 불교, 붓다 당시의 불교로 돌아가자고 하는 것이 대승불교이다.

선의 자취 – 중국불교

시간이 지남에 따라, 인도 대승불교의 사상들도 부파불교와의 대립과 경쟁으로 복잡해지고, 이론화되어 간다. 서기 1-2세기인 중국의 후한 시대에 불교는 인도에서 중국으로 전해졌고, 아함경 위주의 부파불교와 화엄경과 반야경 위주의 대승불교가 거의 동시에 중국으로 전파된다. 이렇게 여러 갈래로 전해진 불교는 세월이 흘러 다시금 복잡한 이론이 되어버리고, 다시 대중들과 유리된다.

이런 분위기에서 7세기 무렵에 당대의 선종과 정토종이 발생한다. 선종은 명상적인 관점에서 명상과 수행을 통해 불교의 깨달음을 추구하는 것이었다. 이에 반해 정토종은 신앙적인 관점으로 기도와 염불을 통해 서방정토 극락세계에 다다를 수 있다고 보았다. 세월이 흐름에 따라 기도와 염불의 정토종은 명상과 수행의 선종과 결합하게 된다.

그래서 우리나라의 불교는 사상적으로는 화엄과 반야의 철학을 따르고 있지만, 수행적인 면은 선종을 따르고, 신앙적인 면에서는 정토종의 방식을 따르는 복합적인 구조를 가지게 되었다.

정토종과 선종

불교적인 관점에서 보면 정토종은 이질적인 면모를 갖고 있다. 일단 불교의 기본 원리와는 다르게 작용한다. 정토종의 극락왕생의 개념은 불교의 삼법인인 무상·공·무아와 정면으로 대치하고 있다. 왜냐하면, 정토종은 아미타불을 주불로 하여 그가 사는 이상적인 세계인 정토의 존재를 믿고, 죽은 후에 서방정토 극락세계에 태어나기를 바라는 것이기 때문이다. 사실상 정토종은 기독교적 메시아 사상에 가깝다.

불교 안에서 이런 이질적인 정토종이 왜 탄생했을까? 그것은 시대적인 요구였다. 정토사상은 말법사상에서 나온 타력본원他力本願 사상에 기초한다. 말법이란 사회적 혼돈기를 말하며, 불교가 쇠퇴한 시기를 말하기도 한다. 타력본원이란 아미타불에게 의지하면 극락에 갈 수 있고, 나아가 깨달음도 얻을 수 있다고 보는 것이다. 부처님의 위신력에 의지하여, 아미타불의 명호를 계속해서 부르는 염불을 통해서 극락세계인 이상향의 세계에 갈 수 있다는 것이다.

이런 이유로 정토사상은 보통 국가적 혼돈기, 즉 난세를 살아가는 민중에게 신앙적인 관점에서 널리 퍼질 수 있었다. 복잡한 교리 없이 단순히 칭명염불을 통해서 극락세계에 갈 수 있기 때문이다. 학문적 기반 없이 착취와 멸시를 당하는 민중들에겐 복잡한 교학적 불교나 명상적인 선불교보다 단순한 방법으로 극락에 갈 수 있다는 정토사상은 충분히 매력적이었다. 그렇게 세월이 흘러 정토종의 염불은 선종의 화두와 만나면서 염불선이라는 선의 한 종류로 자리 잡게 된다.

염불선

정토종의 염불선은 불교의 신앙적인 측면을 맡게 되고, 선종의 간화선은 불교의 명상적인 측면을 담당하게 된다. 그런데 공교롭게도 간화선의 화두참구와 염불선의 염불삼매는 기능적인 측면과 수행적인 측면에서 비슷한 면이 많다.

처음 선을 공부할 때, 화두는 쉽지 않다. 하루 종일 화두를 참구하는 것은 생각보다 굉장히 어렵다. 그래서 처음엔 신앙적인 측면으로 타력에 의지하여 신심이라고 하는 기초적인 마음을 다져나간다. 즉 아미타불에게 의지하며 '관세음보살'을 염송하면서 신심으로 기초를 다진 뒤, 그대로 '관세음보살'을 화두 삼아 자력으로 깨우침에 이를 수 있다는 것이 염불선이다.

공안과 화두

공안公案

　공안의 원래 의미는 행정기관을 뜻하는 공부公府와 판결문을 뜻하는 안독案牘에서 첫 글자인 '공'과 '안'을 따서 만든 합성어로 공문, 판례, 법령 등을 의미하는 용어이다. 이것을 선종에서는 선문답이나 조사·선지식들이 깨닫게 된 계기를 가리키는 말로 사용한다. 즉 공안은 깨달음을 얻게 된 계기인 오도기연悟道機緣, 혹은 깨달음을 얻게 된 대화인 선문답을 가리킨다.

　공안의 바탕이 되는 오도기연과 선문답은 대부분 당대에 형성되었지만, 이것을 공안이라고 하여 참구하기 시작한 것은 송나라 초엽이다. 옛 선승의 말씀을 불변의 법칙, 고칙이라고 하는데, 송나라 초, 선사들은 참선 수행자에게 고칙에 해당하는 공안을 참구 과제로 제시하여 공부하게 하였다.

　[전등록]이라고도 하는 [경덕전등록景德傳燈錄]은 송나라

북송 진종 경덕 원년(1004년)에 황제의 명으로 고승 도언이 출판한 불교 서적인데, 1,700칙의 공안이 기록되어 있다. 여기에 사실은 1,701개의 공안이 기록되어 있는데, 에둘러서 1700 공안이라고 말한다.

화두機緣

공안이라는 말과 화두라는 말은 같은 의미로 쓰이는 경우가 많다. 그러나 공안과 화두는 구분하여 이해하는 것이 낫다. 공안은 깨달음을 얻게 된 계기에 관한 이야기거나 혹은 깨달음을 얻게 된 대화와 같은 하나의 이야기를 의미한다. 반면 화두는 공안에서 제일 중심이 되는 단어, 즉 핵심 단어라고 보면 된다.

공안으로 유명한 것은 조주종심趙州從諗(778-897)스님의 무자화두無字話頭와 정전백수자庭前栢樹子가 있고, 운문문언雲門文偃(864-949)스님의 간시궐乾屎厥이 있다.

> 《무자화두無字話頭》
>
> 「한 학인이 조주선사에게 물었다.
>
> "개에게도 불성佛性이 있습니까?"
>
> "없다."

"위로는 모든 부처님으로부터 아래로는 개미에 이르기까지 모두 불성이 있는데 개에게는 어찌하여 없습니까?"

"그것은 업식성業識性이 있기 때문이다."

다른 곳에서 또 한 학인이 물었다.

"개에게도 불성이 있습니까?"

"집집마다 그 문전에는 장안으로 통하는 길이 있다."」

《정전백수자庭前栢樹子》

「한 스님이 조주선사에게 물었다.

"조사(달마)가 서쪽에서 온 뜻이 무엇입니까?"

"정전백수자庭前栢樹子(뜰 앞의 잣나무다)."

"스님은 경계를 들어 말씀하지 마십시오."

"나는 경계를 들어 말하지 않는다."

"무엇이 조사가 서쪽에서 온 뜻입니까?"

"뜰 앞의 잣나무다."」

《간시궐乾屎厥》

「어떤 스님이 운문雲門스님에게 물었다.

"스님 무엇이 부처입니까?"

운문스님이 대답했다.

"간시궐乾屎厥 (마른 똥 막대기)이니라."」

이처럼 공안이라고 하는 것은 대화 형식의 이야기이다.

이에 반해 화두는 핵심 단어인 없다(무), 뜰 앞의 잣나무(정전백수자), 마른 똥 막대기(간시궐) 등이다.

간화선

공안인 선문답에서 핵심 단어를 추려내어 화두로 참구하게 한 것은 간화선의 제창자인 대혜종고大慧宗杲(1089-1163)선사이다. 공안으로 하는 공부는 선문답의 의미를 파악하는 데 집중한다.

반면에 화두는 말의 진의를 탐구하는 것이 아닌, 비언어적 참구를 통해 번뇌·망상을 타파하고 의식 깊숙한 곳으로 들어가려는데 중점을 둔다. 이렇게 화두의 진의를 의심으로 참구하며 살피는 선 수행 방법을 간화선이라고 한다.

그러나 사실 화두 그 자체의 진의가 무엇인지는 중요하지 않다. 화두에 대해 끊임없는 의심을 하며 궁구하는 상태를 지속하는 것이 수행의 관건이다. 결국, 화두는 심층의식으로 들어가기 위한 도구에 해당하고, 참구를 통해 현재의 의식이 거짓이고 환상임을 깨달아, 의식 깊은 곳의 무의식을 넘어 무아의 세계로 들어가는 것을 목표로 하는 것이다.

그래서, 간화선에서의 참구는 화두를 드는 것부터 시작한다. 화두를 든다고 하는 것에는 두 가지의 의미가 있다. 하나는 몰입이고, 다른 하나는 사유이다. 몰입과 사유는 화두의 두 가지 축이다. 화두를 참구할 때, 화두에 몰입하여 비언어적인 참구를 하는 것은 현재의 의식을 뚫어내어 잠재의식과 무의식의 세계에 들어가려는 것이고, 사유는 몰입이 아닌 현재의식의 상태에서 화두에 대한 언어적인 사유를 통해 끊임없이 의심하는 것이다. 이런 의심은 화두에 집중할 때, 좀 더 깊고 내밀한 집중을 할 수 있도록 돕는다.

이런 이유로 공안과 화두는 비논리적이다. 언어도단 불립문자라고 하는 것은 '말 끊어지고, 문자가 없는'이라는 의미이다. 언어와 문자에 의해 제한된 인간의 의식에서 벗어나는 것이 목적인 것이다. 다시 말하면, 인간의 언어가 인간의 모든 감각, 감정, 생각, 욕망을 표현할 수는 없다. 인간이 가진 의식의 일부만이 언어로 표현할 수 있을 뿐이다. 그런데 언어에 의한 논리적인 생각에만 의존해서는 인간의 괴로움을 없앨 수 없다. 왜냐하면, 인간의 괴로움은 언어 이전에 만들어지기 때문이다.

그래서 언어에 의해 제한되는 현재의식을 넘어 비언어적 영역인 잠재의식과 무의식의 세계에 들어가는 데 언어는 필요 없다. 보조적인 도구인 언어는 집중을 통해 심층의식으로 들어가는 도구에 해당한다.

알음알이의 의미

국어사전을 찾아보면 알음알이에 대해 '약삭빠른 수단'
이라고 설명해 놓았다. 비슷한 의미로 잔꾀가 있다. 물론 서
로 가까이 아는 사람이라는 뜻도 있지만, 이 의미는 명상에
서 쓰이는 의미와는 관계없다.

불교에는 해오와 증오라는 말이 있다. 해오는 이치로 깨
닫는 것이고 증오는 그렇게 이치로 깨달은 것을 수행을 통
해 증명해 내는 것이다. 진정한 깨달음은 증오라고 할 수 있
고, 이것을 수증修證이라고도 한다. 수증은 수행을 통해서 스
스로 마음속에서 증명해 낸 상태를 의미한다.

그렇다고 해서 해오가 아무것도 아닌 것은 아니다. 이치
만으로 깨닫기도 쉽지 않다. 그래서 해오는 알음알이와 구
분된다. 알음알이는 낮은 수준의 해오와 낮은 수준의 증오
가 합쳐져서 만들어진 경우이다. 이치로도 제대로 깨닫지
못한 사람이 약간의 수행을 통해 깨달았다고 착각하는 경
우를 의미한다. 그래서 불가에서는 제대로 알지도 못하면서

알고 있다고 착각하는 것이라는 의미로 알음알이란 단어를 많이 사용한다.

더닝 크루거 효과(Dunning-Kruger Effect)

이것은 인지 편향의 하나로, 능력이 없는 사람이 잘못된 판단을 내려 잘못된 결론에 도달하지만, 능력이 없어서 자신의 실수를 알아차리지 못하는 현상을 가리킨다. 그로 인해 능력이 없는 사람은 환영적 우월감으로 자신의 실력을 실제보다 높게 평균 이상으로 평가하는 반면, 능력이 있는 사람은 자신의 실력을 과소평가하여 환영적 열등감을 가지게 된다. 크루거와 더닝은 "능력이 없는 사람의 착오는 자신에 대한 오해에서 기인하지만, 능력이 있는 사람의 착오는 다른 사람에 대한 오해에서 기인한다."라고 결론을 내린다.

처음 명상을 접하게 되면, 새로운 사실과 체험에 누구나 고무되기 마련이다. 그런데, 어리석은 사람들은 이런 새로운 지식과 체험이 자신만의 경험이라고 착각해서 쉽게 교만에 빠진다. 심한 경우, 자신이 깨달았다고 착각하기도 하고 스스로 아라한을 이루었다고 생각하기도 한다. 이런 착각은 확실하지 않은 지식과 얕게 체험한 알음알이에 의해 생기는 결과이다.

아라한阿羅漢: 불교에서는 수행 끝에 번뇌가 소멸하여 더 이상 윤회하지 않는 경지에 도달한 사람. 줄여서 나한羅漢이라고 부르기도 한다.

명상병, 수행병, 혹은 기도병

명상이나 수행 혹은 기도를 하는 사람들의 경우, 어느 정도 마음의 괴로움이 사라지고 나면 어떤 경지나 깨달음을 추구하는 경우가 많다. 그 경지나 깨달음이 무엇인지 잘 모르면서도 누군가가 어떤 체험을 했다는 얘기를 들으면 부러워하며 본인이 그런 체험을 하길 원한다. 그리고 이런 체험을, 경지나 깨달음과 동일시하는 경우가 많다. 체험은 체험일 뿐 어떤 경지나 깨달음을 의미하지 않는다. 보통 사람들이 그런 경지나 깨달음이 있다고 착각하는 것뿐이다.

예를 들면, 명상이나 수행을 하는 중에 몸이 사라지는 것처럼 느끼거나, 긴 시간이 금방 흘러가는 것처럼 느낄 때가 있다. 또한, 갑자기 어떤 빛을 보게 되거나, 혹은 그 빛이 몸을 감싸거나 몸에 들어오기도 하고, 그로 인해 온몸에 따스

함이 퍼져나가는 것을 느끼기도 한다. 머릿속이 갑자기 툭 하고 텅 비는 느낌이 들 때도 있고, 밑이 덜컥 빠지는 듯한 체험을 하기도 한다. 기도를 했을 때, 신이나 부처 혹은 신세계를 보는 듯한 환영이 나타나기도 하고, 어떤 신통력 같은 기묘한 능력이 생겨서 미래를 보거나 운명을 보기도 한다. 이런 현상은 사람, 지적 수준, 재능, 성향에 따라 다르게 나타난다.

이런 체험을 하게 되면 사람들은 처음엔 신기하게 생각하다가, 뿌듯해지고 자랑스러워지게 된다. 그리고 자기 과신에 빠지면서 이런 체험에 집착하게 된다. 그래서 대부분 사람은 책을 찾아보고, 자신이 체험한 것과 비슷한 내용을 보게 되면, 그 내용에 자신을 맞추려고 한다. 그래서 자신이 어느 정도의 경지에 올랐다고 생각하는 것이다. 그런데 보통 우리가 보는 경전이나 기타 명상책은 추상적인 단어나 모호한 문장으로 그런 경지를 설명한다. 그래서 사람들은 주관적인 체험을 주관적인 생각을 가지고 모호한 표현에 의지해 자신의 경지를 확인하면서 과대망상에 걸리는 경우가 꽤 많다.

수행의 초입에 들어간 것도 아니고, 이제 겨우 수행의 초입을 구경해 본 것뿐인데, 자신의 체험을 뛰어난 수행의 결과로 착각한다. 이쯤 되면 이른바 '명상병', '수행병', 혹은 '기도병'에 걸렸다고 말할 수 있다. 그리고 이런 현상들을 불교에서는 마장魔障이라고 해서 아주 조심해야 할 경계라고 본다.

이런 명상병에 걸리게 되면, 처음엔 계속해서 그런 체험을 하고 싶어 한다. 다시 그런 체험을 하려고 애쓰게 되는 것이다. 그래서 그런 체험의 상태에만 머무르고 싶어 한다. 그러나 이런 체험은 지속되지 않는다. 또 다른 경우도 있는데, 그런 체험에 집착한 나머지 자기가 만든 환상에 빠져 거짓으로 그 체험을 지속하는 것처럼 느끼는 것이다. 또한, 자기 자신을 과신하게 되면서 공부와 멀어지게 된다. 자기 과신은 자아의 강화로 이어져 무아로 나아가는 것을 방해한다. 하지만, 정작 본인은 이것이 공부가 되는 과정 혹은 공부를 증명하는 증거로 착각해서 점점 삿된 방향으로 빠지게 된다. 선명상의 부작용에 빠지는 것인데, 사실 이쯤 되면 부처님이 눈앞에 나타나도 알아보지 못하고 스스로 부처 놀이에 빠져서 살게 된다.

~~~~~~

제11장

선禪의 수행법,
괴로움에서 벗어나기 위한 고통

선과 의단독로

선의 개념

서구 심리 명상과는 달리 남방불교나 북방불교 모두 깨달음을 목표로 한다. 깨달음에 대한 여러 정의가 있을 수 있지만, 불교의 기본 철학인 사성제를 살펴보면, 괴로움과 그 괴로움에서 벗어나는 방법을 도라고 하여, 괴로움으로부터의 완전한 해방을 깨달음의 목표로 보았다.

그러면 어떻게 괴로움으로부터 완전히 벗어날 수 있을까? 선종에서는, 생리적인 욕구에 근거한 인간이 생각과 감정을 통해 욕망을 이루려는 과정에서 괴로움의 싹이 튼다고 보았다. 즉, 생리적인 욕구(식욕·성욕·수면욕)가 사회적인 욕망(탐욕·분노·어리석음)으로 변질되는 과정에서 괴로움이 만들어진다고 보았다. 이 과정에서 생각과 감정은 자아를 근거로 만들어진다. 이렇게 자아가 개입하게 되어 집착이 생기면, 자아가 괴로움을 느끼는 것이다.

그래서 선에서는 자아가 만들어지기 이전의 세계, 즉 생각 이전, 감정 이전의 세계로 들어가야 한다고 생각했다. 생각에 의한 간택(옳고, 그름)과 감정에 의한 증애(좋고, 싫음)의 바탕을 이루는 심층의식(잠재의식과 무의식)의 세계로 들어가야 한다고 생각했다.

언어도단 불립문자 – 선의 요체

사람은 자신을 어떻게 인지하는가?

사회학자인 유발 하라리의 [사피엔스]란 책을 보면, '인지 혁명'이라는 단어를 사용한다. 인지 혁명은 약 7만 년 전부터 3만 년 전 사이에 출현한 새로운 사고방식과 의사소통 방식을 말한다. 그러니까 관념 즉 상상력에서 인지 혁명이 비롯되었다는 것이다. 다시 말하면 추상적인 개념이 이즈음에 발생했다고 보는 것이다. 예를 들면, 신, 정신, 국가, 도덕, 정의 등의 물질이 존재하지 않는 추상적인 관념의 단어가 만들어졌다고 본다.

이렇게 관념 혹은 개념에 대한 언어가 만들어지면서 자아라는 개념이 만들어졌다. 이런 자아라는 개념은 언어에 의해 만들어지는 논리적인 생각과 추상적이며 허구적인 관념을 가진 인간을 이전의 인류와는 확연히 다른 종으로 구분 짓게 만든다.

인간은 감각을 통해 세상을 인지하고 감정을 통해 자신을 인지한다. 그리고 생각을 통해 세상, 나, (세상과 나의) 관계성을 인지하여 자아를 인식하게 된다. 이렇듯 추상적인 개념을 통한 인지 혁명과 언어의 발달은 자아에 대한 인식을 하게 했고, 인간과 기타 동물을 구분 짓는 큰 특징이라고 할 수 있다.

언어를 사용하는 인간은 자아를 인식하게 되면서, 기존의

생존을 위한 괴로움이 아닌 새로운 개념의 괴로움을 알게 된
다. 그것은 생로병사의 괴로움이다. 생로병사가 이전에 없었
던 것은 아니다. 그러나 인간이 자아를 인식하게 되면서, 생
로병사에 대한 인식이 생겨나고, 이것은 존재에 대한 인식,
나아가 존재의 생성과 사멸을 인식하게 되면서, 자아의 유한
성, 즉 죽음에 대한 근본적인 괴로움을 알게 했다. 이것은 동
물들이 죽음을 맞이할 때 느끼는 죽음의 공포와는 다르다.

선명상에서는 이렇게 괴로움을 인식하는 자아가 만들어
지기 이전의 세계로 바로 들어가는 것을 목표로 삼는다. 그
래서 언어 이전, 문자 이전의 의식 세계로 바로 들어가려고
하는 것이다. 이 언어 이전, 문자 이전의 의식 세계를 심층의
식(잠재의식과 무의식)이라고 한다. 그렇게 직접 들어가는
데 필요한 도구가 화두인 것이다.

화두와 의단독로 - 선의 방법

화두 - 의심의 주제

의심 - 근본에 대한 의문이 일어난 상태

의정 - 의심이 뭉쳐 한 덩어리가 된 상태. 의심 그 자체가 되며, 생
각이나 의지로 의심을 하는 것이 아니라, 의심과 내가 한
덩어리가 된 상태

> **의단** - 의정이 더 뭉쳐져서 하나의 단단한 환단처럼 된 상태. 이
> 의단을 가지고 심층의식(잠재의식과 무의식)을 뚫어낸다.

인간 본질에 대한 고민을 화두라고 할 수 있다. 인간에 대한 근원적인 의문이 일어난 상태를 의심이라고 하고, 근원적인 의문을 화두라고 할 수 있다. 화두를 들고 의심이 깊어지면, 의심이 뭉쳐져서 한 덩어리가 되는데, 이 상태를 의정이라고 한다. 의심 그 자체가 되며, 생각이나 의지로 의심을 하는 상태가 아니라, 의심과 내가 한 덩어리가 된 상태를 의미한다. 이 의정을 더 몰아붙여서 단단하고 작은 환단처럼 만들고, 이 의단을 가지고 표면의식 아래에 숨어있는 심층의식을 뚫어내는 것이다. 이런 과정을 의단독로疑團獨路라고 한다.

심층의식을 뚫어낸다고 하는 것이, 불교에서 말하는 분별망상分別妄想의 정식情識을 타파한다고 하는 것이다. 전도몽상顚倒夢想이 사라지고, 본래의 성품이 드러난다고 하는 것이다.

분별망상의 정식에서 분별이란 늘 의미 없이 옳고 그름을 판단하는 것이고, 망상은 의미 없는 허망한 생각, 정식이란 중생의 어리석은 마음을 의미한다. 즉, 의미 없이 옳고 그

름을 판단하고 허망한 생각에 빠진 중생의 어리석은 마음을 타파한다는 뜻이다. 전도몽상은 앞뒤가 바뀐 꿈같은 생각을 하는 것이고 본래의 성품이란 분별과 증애가 사라진 언어 이전의 마음으로 들어간다는 의미이다.

선의 수행 단계

화두를 들고 참구할 때, 사람들은 자신이 지금 어느 수준에 도달했는지 궁금해한다. 여기에 아주 명확한 기준이 존재한다. 자신이 들고 있는 화두의 상태가 어떤 수준인지 알 방법이기도 하다. 그것은 동정일여, 몽중일여, 숙면일여, 오매일여의 네 가지 단계이다. 각 단계를 차례로 밟아나가는 것은 점수漸修라고 하고, 단박에 모든 단계를 뛰어넘어 깨치는 것은 돈오頓悟라고 한다.

첫째, 동정일여

동정일여는 말 그대로 움직임 속에서 혹은 고요함 속에서 일념으로 화두를 챙기는 것을 말한다. 고도의 집중력으로 화두를 든 채 생활하는 것이다. 하루 종일 삶을 살아가면서 마음 한편에서 계속해서 화두를 들고 있어야 한다. 즉, 현재의식인 일상적 자아 속에서 화두를 드는 것을 말한다.

그런데 이렇게 화두를 계속해서 들고 있기는 쉽지 않다. 틈만 나면 화두는 놓쳐지고, 망상에 빠지기 일쑤이다. 그래도 포기하지 않고 계속해서 매진해야 한다. 수많은 좌절과 번민 속에서 포기하지 않아야 한다. 늘 내 생각대로 평생을 살아온 의식을 바꾸기는 당연히 쉬울 리가 없다. 욕망적 자아 혹은 일상적 자아가 나를 방해하기 때문이다. 내 욕망이 본체라고 생각하는 가짜인 나, 가아는 내가 진실의 세계로 가는 것을 원하지 않는다.

그래서 갖은 고생과 노력 끝에 화두일념이 되면 화두를 드는 것이 아니라 화두가 들리는 체험을 하게 된다. 내 의지로 화두를 염하는 것이 아니라, 저절로 화두가 이어진다. 내 의식은 의식의 흐름대로 흐르는데, 의식의 한편에서 화두가 끊임없이 이어지는 것이다. 이렇게 되면 자의식의 변화가 일어나기 시작한다. 화두는 그렇게 살아온 일상적 자아의 의식을 실체적 자아의 의식으로 바꾸는 작업이다.

둘째, 몽중일여

그렇게 일상에서 화두가 들리기 시작하면, 더욱더 정진해야 한다. 고생해서 얻은 소중한 상태를 한 번 더 진전시켜야 한다. 조심스럽고 신중하게 이 상태에서 더 나아가야 하는 것이다. 그렇게 노력하다 보면 잠재의식의 세계인 꿈속에서도 화두가 챙겨진다.

몽중일여는 꿈속에서도 화두를 챙기는 것을 말한다. 꿈속에서 화두를 챙긴다는 것은 꿈을 꾸는 자와는 별개로 화두를 챙기는 자가 존재하는 것이다. 이렇게 잠재의식 속에서 화두를 챙기는 자아를 실체적 자아라고 할 수 있다. 실체적 자아는 내 안에서 존재하는 수많은 자아 속에서 흔들리지 않는 본질적인 자아라고 할 수 있다. 다른 자아들은 상황에 따라 변질되고 변화한다. 하지만 이 실체적 자아인 진아는 변하지 않는 자아이다.

이것은 사람들이 흔히 착각하는, 꿈을 꾸고 있는 것을 아는 것과는 다르다. 어느 정도 명상이나 수행을 하고 나면 꿈속에서 꿈을 꾸고 있는 것을 자각할 수 있다. 하지만 이것과 몽중일여는 다르다. 단순히 꿈을 꾸고 있는 것을 아는 것과 코를 골고 있는 자신을 발견하는 것은 잠재의식이 맑아져서 발생하는 현상일 뿐이다. 이것은 기도하는 사람들에게서도 종종 발생한다.

몽중일여가 되면 의식에 격변이 일어난다. 나를 제한하고 있던 의식의 껍질이 깨져나가기 시작하는 것이다. 이렇게 의식이 깨져나가면 기존의 나와는 다른 의식을 가진 존재가 된다. 개성으로서의 나는 존재하지만, 나를 속박하던 의식의 틀이 깨지는 것이다. 성격이 변한다거나 머리가 좋아진다거나 하는 것이 아니라, 나를 구성하는 자아의 틀이 깨지고 그 바깥에 존재하던, 더 넓고 큰 틀까지 자아가 확장되는 것이다. 새로운 자아의 틀이 생기면 마음의 범위가 넓어져서, 더 이상 자잘한 마음에 영향받지 않는다. 하지만 몽중일여의 상태에서는 이런 틀을 완전히 없앨 수는 없다. 아무리 틀을 깨더라도 틀이 남아 있기 때문이다.

셋째, 숙면일여

몽중일여가 되더라도 완전한 상태는 아니다. 내가 나를 의식하지 못하는 순간이 있고, 그때는 화두를 놓치게 되기 때문이다. 그래서 더 나아가야 하는 곳이 숙면의 세계이다. 숙면은 꿈도 꾸지 않는 상태를 말한다. 우리가 잠을 잔다는 것은 꿈을 꾸는 상태이거나 완전한 수면에 빠져있는 상태이다. 이렇게 꿈도 꾸지 않는 완전한 숙면의 상태에서도 화두를 챙기는 것을 숙면일여라고 한다. 자의식이 완전히 사라진 무의식의 세계에서도 화두를 챙기는 자가 존재하는 것이다.

그중 완전히 자의식이 사라진 상태에서 화두를 챙기는 상태의 자아를 무아라고 한다. 나라는 의식이 사라진 상태에서 화두만이 존재하는 상태를 의미한다. 이렇게 되면 나는 사라지고, 화두만이 남아 있게 된다. 그러면 나를 제한하고 있는 틀이 사라진다. 작용으로서의 나는 실재하지만, 실체로서의 나는 사라지는 것이다.

넷째, 그 너머의 세계

그런데 불교에서는 이런 무아의 경지가 끝이 아니라고 말한다. 무아에는 아직 무아가 남아 있다는 것이다. 다시 말하면 화두가 남아 있는 것이다. 그래서 경전에서는 무아를 넘어가야 한다고 한다. 무아인 상태에서도 더욱더 정진하라고 하는 것이다. 그것이 오매일여이다. 깨어 있거나 잠을 자고 있거나 24시간 언제라도 정진하라는 것이다. 그렇게 화두가 사라지고 무아도 남아 있지 않은 깨달음이 열반의 세계일 것이다.

선의 수행법 – 행주좌와어묵동정 行住坐臥語默動靜

흔히들 선, 혹은 참선이라고 하면 스님들이 깊은 산속, 고요한 산사의 넓은 방에서 고요히 방석 위에 앉아서 수행하는 모습을 떠올린다. 이렇게 좌선은 마치 수행의 표본인 것처럼 알려졌다. 물론 이것도 하나의 수행이며 명상이다. 그러나, 좌선은 수많은 수행법 중 하나일 뿐이다.

사실 화두를 들고 수행할 때, 특정한 수행법이 정해져 있지 않다. 앉아있을 때만 화두를 드는 것은 아니다. 일상에서 아침에 눈을 떠서 잠이 들 때까지 화두를 들어야 한다. 그러다가 화두가 저절로 들리게 되면, 잠을 자는 꿈속에서도, 그리고 꿈조차 없는 잠 속에서도, 화두가 들려야 의단독로가 되는 것이고, 그래야만 본래의 성품이 드러나는 깨달음의 세계로 나아갈 수 있는 것이다.

그래서 북방불교, 특히 선에서는 명상이라는 단어 이전에 수행이라는 단어를 주로 사용해 왔고, 수행법은 좌선을 포함한 여덟 가지의 명상 형태를 말하고 있다. 이것을 '행주좌와어묵동정'이라고 한다.

행주는 몸이 움직이거나 가만히 있을 때를 의미하고, 좌와는 앉아있거나 누워있을 때를 의미하고, 어묵은 말하거나 침묵할 때, 동정은 감정이 거칠거나 고요할 때를 의미한다.

행주는 일하든 글공부하든 운동을 하든 잠을 자든 쾌락을 즐기든 등의 어떤 상황에서도 수행하라는 것이고, 좌와는 앉든 눕든 엎드리든 등 어떤 자세에서도 수행하라는 것이고, 어묵은 말하든 상상하든 추리하든 회상하든 등의 어떠한 생각 속에서도 수행하라는 것이고, 동정은 화나든 슬

프든 기쁘든 즐겁든 두렵든 등 어떠한 감정 상태에서도 수행하라는 것이다.

행주좌와는 육체적 행위의 범주에 해당하고, 어묵동정은 정신적 행위의 범주에 해당한다. 결국, 항상 정신과 육체를 언제나 공부에 매진하라는 의미이다.

또한, 우리가 보통 불교에서 업을 애기할 때, 신구의身口意 삼업을 말한다. 신이란 몸으로 짓는 업이고, 구란 입으로 짓는 업, 의란 뜻으로 짓는 업을 의미한다. 행주와 좌와는 신에 해당하고, 어는 구에 해당하고, 묵동정은 의에 해당한다. 즉, 행주좌와어묵동정에 공부를 지으라는 것은 신구의 삼업을 짓지 않는 방법이기도 한 것이다. 업이 일어날 수 있는 모든 상황에서 공부하는 것 즉, 화두를 챙기는 것만이 업에 대해 어두워지지 않는 유일한 방법이기도 한 것이다.

그럼에도 현대에 들어와서 화두를 들 때, 좌선만이 최고의 수행법인 것처럼 알려져 있다. 하지만 앉아있을 때만 명상이 된다면, 명상하는 것이 무슨 의미가 있을까? 일상에서 명상의 마음을 적용하지 못하고, 앉아있을 때만 명상의 마음이 된다면, 그것은 명상이 아니라, 명상이라는 이름을 걸고 하는 보여주기식의 명상일 뿐이고, 자기만족의 쾌락이거나 도피일 수밖에 없다.

사실 앉아서 하는 명상은 쉽지만 쉽지 않다. 쉽다는 의미

는 앉아있는 자세라서 육체적으로 편하다는 것이고, 쉽지만
은 않다는 의미는 편안한 자세이기 때문에 수행이 되지 않
는다. 편안함에 빠져 쉽게 잠이 들고 망상에 빠지게 되는 것
이다. 인간은 고통에도 쉽게 굴복하지만, 편안함에도 쉽게
굴복해서 안일함에 빠지기 때문이다.

결국, 행주좌와어묵동정은 나의 몸과 마음이 어떤 상태이
든지 간에, 24시간 늘 수행하라는 의미이다. 따로 수행한다
고 앉아서 무게만 잡는 것이 아니라, 일상에서 언제나, 화두
를 들든 대상에 집중하든 마음챙김을 하든, 수행하라는 의
미이다.

명상법과 수행법

명상법에 대한 오해

약간 이상하게 들리겠지만, 요즘에는 명상이라는 단어를
사용하여 모든 종류의 명상을 표현한다. 이러다 보니 명상
이라는 범주가 광범위해지는 현상이 발생한다. 싱잉볼에도
명상이라는 단어가 붙어서 싱잉볼 명상이라고 하고 불교의

선도 선명상이라고 한다. 하지만 대부분 사람은 싱잉볼과 불교의 선이 크게 다르다는 것을 직관적으로 알 수 있다.

사실, 이 둘은 스텔스 전투기와 라이트형제의 비행기만큼 차이가 난다. 하늘을 난다는 공통점을 제외하고는 속도, 상 승고도, 엔진 출력, 재질 등 비교할 수 없을 정도로 다르듯, 싱잉볼과 선은 마음을 다룬다는 것을 제외하고는 큰 차이를 보인다. 그런데도 최근 불교계에서 서구 심리학의 용어인 명상이라는 단어를 받아들이면서, 원래 불교의 마음 공부법 을 지칭하던 수행이라는 단어를 명상이라는 단어로 대체해 버렸다. 그러나 사실 불교에서 수행이라는 단어의 의미는 명상이라는 단어의 의미보다 포괄적인 마음 공부법을 의미 한다.

그런데 명상이라는 하나의 단어로 이 모든 것을 포함하 게 된 이유는, 19세기 처음 불교를 접한 서구 학자들이 남방 불교의 수행법 중인 사마타·위빠사나 수행법을 메디테이션 (Meditation)으로 번역하면서부터이다. 이를 다시 일본에 서 명상으로 번역하게 되면서, 명상이라는 단어가 남방불교 의 수행법(사마타·위빠사나), 북방불교의 수행법(선), 그리 고 서구 심리 명상법, 기타 기법 위주의 명상법 등을 포함하 는 의미로 사용하게 된 것이다.

이렇게 명상이라는 단어를 일반적으로 사용하게 되면 서 사람들에게 두 가지 선입견이 생겼는데, 하나는 호흡법과 좌선에 관한 것이고 다른 하나는 마음챙김에 관한 것이다. 다시 말하면 명상이라는 단어에 떠올리는 이미지 중의 하나는 가부좌를 하고 앉아 호흡을 챙기는 모습이고, 다른 하나는 서구인들이 남방불교의 사띠(Sati)를 번역하는 과정에서 재해석하여 정립한 서구 심리 명상의 마음챙김(Mindfulness)이다. 결국, 전통적인 명상은 호흡법을 사용하는 좌선으로 이미지화되었고, 현대적인 명상은 서구 심리학의 마음챙김을 기반으로 하는 좌선 및 여러 심리 기법으로 이미지화되었다.

이런 이유로 명상이라고 하면 가만히 앉아서 호흡하는 것으로 생각하는 사람들이 많아졌다. 그런데 여기에 큰 오해가 존재한다. 정말 붓다와 초기 불교의 수행자들이 앉아서 하는 호흡 명상만 했을까? 그런 증거는 어디에도 존재하지 않는다. 오히려 고행이나 다른 명상법들을 했다는 기록들이 더 많다.

명상과 수행

간화선 혹은 화두선으로 대표되는 북방불교의 선수행은 좌선과 같은 한 가지 방법을 고집하지 않았고, 다양한 수행법을 똑같이 중요시했다. 그러나 최근에는 불교권에서조차 선수행을 선명상이라는 이름을 사용하면서 수행의 의미가 퇴색하게 된다. 결국, 행주좌와어묵동정 중에 좌선을 제외한 다른 일곱 가지 방식의 수행 형태는 점점 사라지게 된다. 작은 의미가 큰 의미를 삼키게 된 것이다.

그러면 명상과 수행은 어떻게 구분해야 하는가?

명상은 지금 우리가 인식할 수 있는 현재의 나, 즉 자아를 가지고 하는 것이고, 수행은 지금 우리가 인식할 수 있는 현재의 나를 깨트려서, 우리가 좀처럼 인식할 수 없는, 내면 깊숙이 존재하는 심연의 나를 찾아가는 것이다. 명상은 감각과 그에 의해 발생하는 감정과 생각 그 자체를 가라앉혀 고요히 만드는 것이고, 수행은 그런 생각과 감정, 그리고 욕망의 원천이 존재하는 내면 깊숙한 저장 창고를 청소해 나가고 확장해 나가는 것이고, 나아가서는 창고 자체를 부수어 버리는 것이다.

명상은 단순히 일어나는 의식을 가라앉히거나 씻어내는 작업이기 때문에 좌선이나 호흡법 혹은 싱잉볼이나 명상음악 정도의 방법으로도 가능하다. 하지만 수행은 깊은 곳에 숨어서 좀처럼 보이지 않는 번뇌의 원인을 제거해야 하므로 보통의 방법으로는 불가능하다. 그래서 수행이라는 단어에는 치열한 고행을 포함하고 있다.

두타행과 고행

유물론이나 경험론과 같은 쾌락주의에 기반한 사상과 수행이 존재하긴 하지만, 거의 모든 종교나 수행은 일부를 제외하고는 금욕주의에 기반하고 있다. 보통 금욕주의는 계율로 나타난다. 종교나 수행 단체는 집단생활을 하는데, 이런 집단적인 생활을 유지하기 위해서, 또는 수행에 도움이 되도록 계율을 만들고 지켜나간다. 계율은 모든 종교나 수행 집단에서 가르침만큼 중요한 위치를 차지한다. 예를 들면, 불교에서 경·율·론 삼장은 부처님의 말씀을 모은 경, 계율에 해당하는 율, 부처님 말씀에 대한 주석이나 해석인 론을 의미하는데, 율은 그중 하나를 차지하고 있다. 또한, 계정혜 戒定慧 삼학이라고 해서 깨달음을 얻는 데 필요한 세 가지 요소 중의 하나로 볼 만큼 중요하게 생각한다.

이처럼 계율에 해당하는 것이 금욕주의인데, 계율을 좀 더 엄격히 지키려고 하는 것이 두타행이다. 두타행은 강화된 금욕주의로 보면 된다. 소극적으로 계율만 지키는 것이 아니라, 계율에 버금가는 도덕률을 스스로 만들어 지켜나가는 것이다. 그래서 두타행은 의식주 실생활에서 탐욕, 진에, 우치를 떨어내고, 소욕과 지족을 실천하여 번뇌를 털어내는 생활 수행법을 표방한다. 초기 불교의 문헌과 후대 대승불교의 문헌에서도 꽤 많이 언급된다. 두타행은 일반적이지는 않아도 초기 불교에서부터 유지되던 전통적인 수행법이었고, 북방불교에서는 승려가 지켜야 할 기본적인 수행법이었다.

　우리나라뿐만 아니라 다른 나라의 불교 교단의 생활은 기본적으로 두타행이라고 할 수 있다. 스님들의 경우, 보통 새벽에 일어나 기도나 예불하고, 거친 음식을 먹으며, 세상의 복장이 아닌 승복을 입고, 최소한의 의복만을 가진 채, 편하지 않은 잠자리를 다른 도반들과 같이 공유하는 경우가 많다. 이렇듯 편하지 않은 삶 속에서 스스로 경계하여 탐진치에 물들지 않으려는 것이다. 이처럼 금욕주의에 기반한 계율을 엄격히 지켜서 물질에 얽매이지 않는 마음을 만드는 생활 수행법을 두타행이라고 한다.

　그런데 이렇게 자신을 엄격하게 다루어도 스스로 내면 깊은 곳으로 몰입하기는 쉽지 않다. 그래서, 수행이 진전되지 않으면, 자신을 더 불편한 상태로 몰아넣어 내면 깊숙한 심층의식으로 들어가기 위해 노력한다. 예를 들면, 삼천 배나 만 배를 한다거나, 며칠씩 잠을 자지 않고 버티거나 혹은 잘 때도 눕지 않는 장좌불와長坐不臥를 하기도 한다. 어떤 스님은 새벽에 일어나 커다란 돌을 등에 메고 산을 타기도 했다. 이런 행위를 불교 수행을 위한 고행이라고 하는 것이다.

　계율을 지키며 종교나 수행 생활을 하는 것을 금욕주의

라 하고, 좀 더 엄격하게 계율을 지키며, 최소한의 소유물만 가지는 삶을 두타행이라 할 수 있고, 수행을 위해서 이에 만족하지 않고 자기 육체에 고통을 가해 집중과 몰입을 하려는 것을 고행이라고 볼 수 있고, 이를 통해 자신의 의식을 확장해서 심층의식의 세계로 들어가려는 수단이라고 볼 수 있다. 다른 시각에서 보면, 고행은 일종의 강화된 두타행이라고 말할 수 있다.

제12장

~~~~~~~~~~~~~~~~~~~~~~~~~~~~~

선禪을 위한 예비 마음

중생심– 사람의 마음, 짐승의 마음

중생이라는 단어

우리가 보통 사용하는 짐승이라는 단어가 바로 이 중생에서 왔다는 사실을 알고 있는 사람도 있을 것이다. 중생>즘생>짐승의 순서로 중생이라는 한자어가 우리말로 귀화하여 짐승이라는 단어가 됐다. 지금의 짐승의 뜻은 동물들을 지칭하며 우리가 사람을 향해서 짐승이라는 단어를 사용할 때는 보통 동물적인 욕망, 즉 감각적인 욕망에 사로잡힌 존재라는 의미를 내포하고 있다. 즉, 인간답지 않은 행동을 할 때 짐승이라는 단어를 사용한다.

그럼 중생과 중생심의 의미는 무엇일까?

넓은 의미로 중생은 생명을 가진 모든 존재를 뜻하고 좁은 의미로는 일반적인 사람을 뜻한다. 그리고 중생심의 사전적인 의미는 아래와 같다.

1. 중생이 일으키는 미혹한 마음
2. 번뇌와 아무런 생각이 없는 멍한 상태를 끝없이 되풀이하는 마음
3. 중생이 본디 갖추고 있는 청정한 성품

그러므로 중생심은 중생이 가지는 마음을 의미한다. 즉, 중생심은 일반적인 사람들이 가지고 있는 보편적인 마음을 의미한다.

중생심의 종류

중생심에는 어떤 것들이 있을까?

시기, 질투, 탐욕, 인색, 옹졸, 이기, 비열, 간악, 흉포, 악독, 잔인, 사특, 간교, 허영, 나태, 거만, 교만, 비굴, 교활, 무례함, 간사함 등과 같은 좋지 않은 마음들과 포용, 이타, 정의감, 의리, 자애, 겸손, 희생 등과 같은 좋은 마음, 그리고 강직, 인내 등과 같은 좋기도 하고 좋지 않기도 한 마음 등과 함께, 인간이 가지고 있는 수많은 마음을 중생심이라고 한다.

모든 사람은 위에서 언급한 모든 종류의 마음을 다 가지고 있다. 사람인 이상 모든 종류에서 하나도 빠지지 않고 모두 다 가지는 것이다. 그러면 이렇게 생각하는 사람도 있을 것이다. '나는 그렇지 않아. 나는 그런 성향을 가지고 있지 않아'라고 생각하는 사람도 있을 것이다. 하지만 그렇지 않다. 인간인 이상 모든 종류의 중생심을 가지고 있고, 만약 그런 중생심이 없다면 그런 사람은 일반적인 인간의 범주에 넣을 수 없는 성인이거나 미친 사람일 것이다.

중생심과 나

그런데 왜 나는 내 안에 모든 중생심이 존재한다고 생각되지 않는 걸까?

첫째, 이제껏 그런 중생심이 일어나지 않는 좋은 환경에서 살아왔다는 것이다. 예를 들어 자신이 비열하거나 이기적이 아니라고 생각한다면, 자신이 그런 마음을 일으킬 필요가 없는 비교적 좋은 환경에서 자라왔을 가능성이 크다. 대부분은 전쟁터나 기아에 허덕이는 환경과 같은 극한의 상황인 경우를 제외하고 그런 마음이 일어날 환경을 만나기가 힘들다.

둘째, 그런 마음이 일어나자마자 바로 그런 생각을 부정하고 다른 마음으로 대치한 경우이다. 그래서 그것이 습관화되어서 자신은 그런 마음이 일어나지 않는다고 착각하는 경우이다. 즉, 생각으로 생각을 덮는 것을 말한다. 이때 자신을 정당화하는 쪽으로 생각을 덮는다. 대부분 사람이 자신도 모르는 사이에 이런 습관화된 생각의 통로를 만들어 자신은 그렇지 않다고 생각한다.

셋째, 큰 뜻으로 작은 마음을 덮는 것이다. 더 큰 이상, 더 큰 뜻으로 작은 마음을 덮는 경우이다. 애국심으로 자신을 희생하는 의사나 열사와 같이 국가를 구한다는 대의를 위해 작은 마음들을 덮어가는 경우이다.

앞의 두 경우 모두 자신이 이겨낼 수 없는 한계에서는 적나라하게 드러나게 된다. 좋지 않은 환경에 빠지게 되면 자신의 좋은 마음을 지킬 수 없게 되는 것이다. 반면에 마지막은 큰 뜻 안에 작은 마음이 포함되어 녹아버린다. 이런 큰마음은 자신을 인간적으로 성장시키는 원동력이 된다.

중생심의 발생

이런 중생심은 언제 일어나는가?

이런 마음들은 사람의 내면에 잠재되어 있다가 경계에 부딪혔을 때 일어난다. 내 마음 안에서 저절로 중생심이 일어나지는 않는다. 중생심은 마음 한구석에 자리 잡고 있다가 자신의 경계에 부딪힐 때 일어난다. 경계란 대상을 전제로 한다. 대상이 존재해야 중생심이 일어나고, 대상이 달라짐에 따라 중생심도 차이를 보인다.

즉 대상의 똑같은 행위에 대해, 자신이 사랑하는 사람이한 행위와 경쟁 관계의 동료가 한 행위는 그 느낌이 다르고일어나는 마음이 달라지는 것과 같다.

중생심의 중요성

그럼 왜 중생심을 아는 것이 중요한가? 이러한 중생심을 낱낱이 알고, 스스로 그 존재를 인정해야만 자신에게 속지 않는다. 자신에게 속지 않아야 남에게 속지 않으며 그래서 마음공부를 제대로 할 수 있다. 그런데 자신에게 이러한 마음들이 존재하지 않는다고 생각하면 마음공부를 제대로 할 수 없다. 마음공부는 이런 중생심을 낱낱이 느껴서 그런 마음에 속지 않도록 하는 것이 제대로 된 공부인 것이다.

중생심을 알기 힘든 이유

그런데도 자신의 중생심을 제대로 보고 알기가 힘든 이유가 있다. 인간은 태생적으로 자신의 존재를 인정하기 때문이다. 이 말의 의미는 자기 존재의 영속성을 믿는다는 것이다. 자신은 늙지 않을 것 같고, 자신은 죽지 않을 것 같다. 더 나아가 죽음에 대한 반발심으로 젊어지기를 갈구한다. 이렇게 죽음에 대해 자신을 속이려고 만들어 낸 마음, 자신의 영속성을 믿는 마음이 중생심이다. 인간은 언젠가 죽는다. 하지만 그런 죽음을 실시간으로 믿는 사람은 없다. 자신이 죽는 그 순간까지도, 자신이 죽지 않을 거로 생각하는 것이 인간이다. 이것이 중생심이며 어리석은 마음이다. 즉, 중생심을 이해한다는 것은 삶과 죽음에 대하여 완전히 꿰뚫고 있다는 의미이기 때문에 중생심에 대한 완전한 파악은 깨달음과 직결된 것이다.

중생심과 수행

수행을 통해 궁극적인 목표인 깨달음으로 가기 위해서는 수많은 과정과 수많은 시행착오가 필요하다. 그리고 수많은 작은 깨달음들이 있다. 하지만 그냥 앉아만 있어선 깨달음이 오질 않는다. 깨달음으로 가는 과정에 필요한 것은 수행이고, 수행을 통해 자신의 중생심을 바라보아야 한다. 중생심에는 수많은 마음이 숨어있다. 그런데 이 마음을 제대로 본다는 것은 사실상 불가능에 가깝다. 자신의 마음이라고 생각한 마음에는 언제나 이면이 존재하고 그 이면에 붙어있는 것이 중생심이다. 자신을 인정하는 긍정적인 마음의 이면에 존재하는, 보이지 않는 부정적인 마음이 중생심인 것이다.

그래서 수행하는 사람들이 하는 말이 있다. "오직 모를 뿐." 스스로 안다는 생각을 내는 것은 어리석은 일이기 때문이다. 하지만 명상을 한다는 사람 중에는 스스로 대단하다고 생각하고, 완성됐다고 착각을 하는 사람들이 많다. 수행을 통해 얻은 작은 깨달음을 큰 깨달음이라고 착각한 나머지 자신을 완성해 나간다. 그래서 겸손함을 잃어버리고, 자신만의 세계에 갇혀 완성되어 버리는 것이다. 스스로 완성됐다고 생각하는 순간, 마음공부는 더 멀어져간다. 그렇게 완성됐다고 착각하는 마음이 중생심을 제대로 보지 못한다는 증거이기도 하다. 중생심을 제대로 보는 것이 어렵다는 것을 아는 사람은 오직 모를 뿐의 의미를 아는 사람인 것이다.

중생심을 제대로 아는 것은 부동심과 더불어 자비심을 일으키는 데 필요하다. 자신의 중생심을 완전히 파악하지 않으면 자비심은 일반적인 동정이나 연민심과 다를 바 없어진다. 자신의 중생심에 무지한 상태에서 일으키는 마음은 자비심의 빈틈을 만든다. 또한, 앞 장에 말한 경계와도 관련이 있다. 경계를 타파하는 것이 중생심을 알아가는 과정이기도 하다. 다시 말하면 경계를 타파하여 중생심을 남김없이 알아야 진정한 자비심이 생기는 것이다. 즉 자비심의 네 가지, 자비희사慈悲喜捨에서 마지막 사의 마음을 갖는 데 필요하고, 이 관문을 뛰어넘어야만 진정한 깨달음의 경지에 갈 수 있다.

하심과 참회_ 수행의 두 바퀴

요즘 우리는 명상을 한다고 표현한다. 하지만 이렇게 현대적인 명상이 대중화되기 전, 불가에서는 수행이라는 말을 많이 사용했다. 수행에는 여러 가지 방법이 있다. 널리 알려진 것으로는 좌선과 절이 있고, 종교적인 방법으로는 기도가 있다. 이 외에도 수많은 수행법이 존재한다. 이렇게 수많은 수행법 중에서 어떤 수행법들이 좋은 것일까?

수행법들은 깨달음이라고 하는 지향점으로 가는 방법들이다. 그런데 이런 방법들을 사용하기 전에 먼저 가져야만 하는, 기본적으로 장착해야 하는 마음이 있다. 그것은 하심과 참회라는 두 개의 바퀴이다. 이 두 개의 바퀴는 중생심을 바로 보게 해주기 때문에 자아(Ego)가 일어날 틈을 주질 않는다. 이 두 개의 바퀴는 양축이 되어 수레를 앞으로 몰아 깨달음으로 나가게 하는 필수적인 장치이다. 그래서 하심과 참회는 승려가 되기 위해 절집에 들어가는 사람인, 예비스님에게는 필수적인 행동 준칙이 된다. 그러면 왜 이 두 용어가 그토록 처음으로 스님을 하려는 사람에게 중요할까? 그것은 과거와 현재와 미래에 나타나는 마음의 관성인 업이 일어나지 않도록 돕기 때문이다.

하심

하심은 미래에 일어날 마음의 관성에 관여한다.

말 그대로 하심은 마음을 아래도 향하게 하는 것으로, 자기 자신을 낮추는 행위를 의미한다. 단순한 겸손과는 다르다. 겸손은 자기 생각은 그대로 둔 채, 상대에 대해 자세나 태도를 낮추는 것을 말한다. 즉, 겸손은 속마음과는 달리 겉으로 표현되는 행위이다.

이에 반해, 하심은 자기 자신을 낮추는 것을 넘어, 자기 생각을 쓰지 않고 선배나 스승의 말에 절대적으로 따르는 것을 의미한다. 내면에서 일어나는 생각을 통해 만들어지는, 옳고 그름의 판단을 스스로 하지 않고 타인에게 맡기는 행위이다. 그 이유는 무엇인가? 이것은 옳고 그름의 판단 이전, 혹은 분별심 이전의 무판단의 세계에 들어가기 위해 자기 생각과 행동을 포기하는 것이다.

왜 옳고 그름이라는 판단 이전의 세계로 들어가려는 것인가? 그것은 옳고 그름을 판단하는 방식이 마음의 관성이고, 업이며, 운명을 결정해 나가는 방식이기 때문이다. 이제껏 살아온 삶의 방식을 그대로 두고 수행을 하는 것은 밑 빠진 독에 물을 붓는 것보다도 더 의미가 없다. 하심은 완전히 다른 방식의 삶을 살게 해준다. 불교라는 큰 틀에서, 삶의 방식을 개인적인 방식에서 집단적이고 종교적이며 수행적인 방식으로 바꿔 살아보려는 것이다. 진정한 하심을 하지 않은 수행은 자신이 살아온 방식을 더 고집하게 되고, 결국 자신이 해석한 주관적인 수행이 된다. 그래서 자신은 수행을 하고 좋아진다고 느끼지만, 사실상 자신을 또 다른 마음의 감옥에 가둬버리는 경우가 많다.

참회

이에 반해 참회는 과거에 일어난 마음의 관성에 관여한다.

현재의 나를 만든 과거의 나를 돌이켜서 고치는 방법이 참회이다. 이와 비슷한 말로는 반성이 있다. 하지만 참회와 반성의 큰 차이는 반성은 잘못에 대해 성찰하고 뉘우치는 정신적인 행위라면, 참회는 과거의 나를 돌아보고 반성해서 현재의 나를 정화하는 작업을 하는 것이다. 참회는 이기심과 나태함으로 일으켰던 마음과 행동 하나하나에 대하여 참회하는 것이다. 스스로 반성을 넘어 다시는 그런 일들이 생기지 않도록 각오하며 다짐하는 것이 참회이다.

참회의 어려운 점은 자신의 과거를 낱낱이 돌이켜봐야 한다는 점이다. 참회를 하다 보면, 생각보다 자신을 돌이키기도 어렵다는 것을 알게 된다. 참회는 일반적인 기억을 토대로 시작하지만, 참회가 거듭될수록 자아에 의해 왜곡된 기억들과 내면의 깊고 깊은 곳에 숨겨둔 채 드러내기 싫은 기억들, 그리고 자신이 옳다고 생각해서 한 행위에 대해 타인이 받은 상처에 대한 외면의 기억들 등, 참회를 거듭할수록 보이는 과거의 나를 직면하는 것은 정말 힘들다. 인간은 생각보다 과대 포장된 의식으로 자아를 만들고 그것이 자신이라고 믿으며 살아간다는 것을 알게 된다.

자기긍정과 자기부정

하심과 참회는 동시에 이루어져야 한다. 참회를 통해 과거의 나를 부정하고 새로운 현재의 나를 만들면서, 동시에 현재의 내가 만들어 갈 미래의 나를 수정해 나가는 것이다. 이렇게 과거, 현재, 미래의 나를 모두 바꿔나가는 것이 수행의 기본적인 자세이다.

하심과 참회는 정말 어렵다. 자기 삶 전체를 송두리째 부정해야만 하기 때문이다. 여기에서 불교 수행과 일반 명상 사이에 큰 차이가 생기게 된다. 일반 명상은 적당한 자기 긍정을 필수 요소로 한다. 이것은 일반적인 명상이 심리학을 기반으로 하는 치유법에서 기인하기 때문이다. 심리학 기반의 명상법은 사람들에게 위로와 위안을 통해 마음을 안정시키고 난 후, 자기 객관화를 통해 치유하는 방법을 택하기 때문이다. 이 방법은 자기를 그대로 둔 채 나타나는 현상만을 가라앉히기 때문에, 언제든 재발할 우려가 크다. 그럼에도, 이런 자기 긍정 방식의 명상법을 통해 일반인들이 얻을 수 있는 이익은 크다.

이에 반해서 하심과 참회를 통한 자기부정이라는 것은 전혀 쉽지 않다. 참회하는 과정에서 일어나는 부정적인 마음을 감당하기가 쉽지 않다. 쉽진 않지만 그렇게 끊임없이 나라고 생각했던 존재가 부정되면서 생기는 부정적인 마음마저 부정해야 한다. 그러면 이렇게 자신을 부정하기만 한다면 나는 존재하지 않는 것 아닌가? 그렇지 않다. 이렇게 부정되는 나는 가짜로 존재하는 가아를 부정하는 것이다. 이렇게 가짜 나를 부정해 나가다 보면, 저 밑바닥에서 천천히 올라오는 진짜 나, 진아를 발견하게 된다. 부정되는 것은 중생심으로 사는 나일 뿐, 각성한 진짜 자신은 오롯이 존재하는 것이다.

물론, 진아도 존재하지 않는다고 보는 것이 불교의 기본적인 교리이다. 하지만 가아에서 진아를 찾은 후, 다시 진아를 가지고 무아로 들어가는 방식은 불교 수행의 한 가지 방식에 해당한다. 그런 중간 과정 없이 바로 무아로 들어가는 것이 이상적인 방법이지만, 대부분의 평범한 보통 사람들은 이런 순서에 따라 무아로 들어가게 된다.

부동심– 흔들리지 않는 마음

흔들리는 일상

일과를 끝내고 집에 돌아와 대충 정리하고 잠자리에 들

어 돌이켜보면, 하루 종일 무언가를 생각하고 걱정하고 계획을 세우고 해결하고, 사이사이에 누군가를 미워하기도 하고 용서하기도 하며 혹은 화해하기도 한다. 또한, 일어나는 욕구를 채우기 위해 무언가를 먹고 마시고 즐기며 하루를 보냈다는 것을 알 수 있다.

그저 삶에 파묻혀 살았을 뿐, 매일매일의 반복되는 삶을 살아온 것이다. 매일 반복되는 생각, 매일 일어나는 감정, 매일 채워야 하는 욕구들. 늘 살아가는 대로 살았을 뿐이다. 이렇게 늘 비슷한 삶 속에서 작은 행복을 느끼며 사는 것도 삶을 대하는 하나의 방식일 수 있다. 하지만 남들과 비슷하게 살아가는 동안에, 내면 깊숙한 곳에서 알 수 없는 막연한 두려움과 어두운 우울함이 밀려오면, 그 마음은 불안감으로 흔들리게 된다.

중생심과 부동심

인간의 의식은 그 깊이를 알기 힘들다. 내가 나인 이유를 이해하고 있는 사람은 거의 없다. 그런데도 사람들은 자신도 모르면서 세상을 안다고 생각하고, 자기 자신을 안다고 착각하며, 다른 사람을 안다고 생각하며 살아간다. 그렇게 욕망인 나에 기초한 삶에 충실하게 살아간다. 하지만, 현재 나라고 인식하는 의식의 깊은 곳에는 나 스스로 인식하지 못하는 '나'가 존재한다.

그렇게 스스로 인식하지 못하는 내가 존재하는 영역에서 많은 생각과 판단이 이루어진다. 이렇게 스스로 인식하지 못하는 영역에 숨어있는 욕망에 근거해서 사람들은 이기적으로 판단하고 생각하는데, 이것이 중생심이다. 이 영역은 내가 나로 인식하는 현재의식의 영역보다 수만 배 이상 큰 잠재의식의 영역이다. 이렇게 잠재의식의 영역에 존재하는 중생심에 의해서 이루어지는 판단과 생각은 현재의 내가 원하는 방식이 아닌 경우도 많다.

우리의 마음은 바닷속에 흐르는 해류와 같다. 겉에서 보기엔 별 변화가 없는 것 같은데, 바다 밑에는 수많은 해류가 흐르고 있다. 서로 작용하고 반응하며 흐르고 섞이며 움직인다. 우리의 마음도 이와 같다. 이처럼 우리의 마음은 늘 흐르고 섞이며 멈추는 법이 없다. 그래서 흘러가는 마음의 바다에 나를 그대로 두면, 내가 어디로 흘러갈지 알 수 없게 된다. 이렇듯 어디로 흘러갈지 모르는 잠재의식의 어느 지점에, 흔들리지 않는 마음 하나를 심어 놓아야 한다. 이렇게 심어 놓은 마음이 부동심이다.

부동심의 필요성

우리의 마음은 늘 흔들린다. 작은 자극엔 작게, 큰 자극엔 크게 흔들린다. 흔들린다고 계속 흔들려서는 안 된다. 유연한 마음을 가지더라도, 흔들리지 않는 중심의 마음을 가져야 한다. 오히려 유연하므로 마음에 중심이 있는 것이다. 하지만 많은 경우, 중심이 흔들리게 되고, 그 중심이 흔들리면 일반적으로 사람들은 자신을 잃어버린다. 바다 밑 해류 속에 자신을 던져놓는 것과 같은 것이다.

흔들리는 마음은 중심을 잃은 마음이고, 유연한 마음은 중심을 둔 채 변화하는 마음이다. 경계에 부딪혀서 중생심이 일어나면 사람의 마음은 갈대처럼 변한다. 애초에 먹은 마음은 온데간데없이 사라지고 중생심에만 머물게 되는데, 이때 필요한 것이 부동심이다. 사람들은 보통 본능적인 욕구와 사회적인 욕망이 일어나면, 그 욕구와 욕망을 실현하기 위해 감각에 의한 고통과 쾌락, 감정에 의한 좋음과 싫음, 생각에 의한 옳고 그름에 쉽게 빠져든다. 이렇게 욕망에 빠져든 마음은 이미 물들어 버린 마음이다. 이렇게 물든 마음은 필연적으로 시기와 질투에 빠지게 만들고, 시기와 질투를 넘어 다른 사람을 원망하고 잘못되기를 원하는 마음이 일어난다.

이때 흔들리지 않는 마음을 만들어 놓지 않는다면 중생심에 사로잡혀 헤매게 되는 것이다. 부동심은 흔들리지 않는 마음과 더불어 돌아올 수 있는 기점이기도 한 것이다. 다시 말하면 경계에 부딪혀 중생심에 잠식당하더라도 부동심이라는 중심점을 통해 극복해 내야 한다는 것이다.

부동심의 특징

부동심은 말 그대로 움직이지 않는 마음을 말한다. 움직이지 않는 마음이란 외부의 자극에 흔들리지 않는 마음을 말한다. 온갖 경계에 부딪혀 중생심이 일어나도 변하지 않는 마음을 의미한다. 그리고 변하지 않는 마음이란 감각이, 감정이, 생각이, 욕망이 나를 침범했을 때, 감각이나 감정, 생각, 그리고 욕망에 흔들리지 않는 마음의 중심점을 의미한다. 이 중심점이 현재의식과 잠재의식을 관통해서 일관되게 움직이지 않는 마음을 부동심이라고 하는 것이다.

이렇게 중심점을 찾아가는 과정이 깨달음으로 가는 수행의 시작이다. 그래서 처음 수행을 시작하는 수행자들은 불속에서도 물속에서도 변하지 않는 마음을 갖기를 발원한다. 결국, 부동심은 마음공부를 하는 데 있어서 시작인 동시에 과정이면서 목표가 된다.

부동심과 마음챙김

그래서 부동심이 없는 마음챙김이나 명상, 수행은 모래로 밥을 짓는 것과 같다. 마음챙김을 하는 과정에서 마음은 항상 대상에 물들려는 경향을 보인다. 그렇게 물드는 과정을 눈치채기는 쉽지 않다. 이미 대상에 물들어 버린 마음인 줄 모르고, 마음챙김을 하고 있다고 착각하여 자신은 마음공부를 하고 있다고 착각하는 경우가 매우 많다. 마음을 챙긴다고 하면서 마음이 경계에 물든 것을 모른다면 그것은 이미 마음챙김이라고 할 수 없다. 자신은 마음을 챙긴다고 하지만 이미 물들어 버린 상태이다. 그러므로 제일 먼저 흔들리지 않는 지점을 만들고, 그 지점을 기점으로 마음이 대상에 물들더라도 돌아올 수 있도록 하는 것이다.

부동심을 어느 정도 얻고 나면, 일상에서 부딪치는 사소한 마찰로부터 자유로워진다. 그로 인해서 발생하는 스트레스에서 해방되는 것이다. 외부의 자극 때문에 쓸데없는 감각과 감정과 생각이 일어나지 않는다. 외부의 자극을 자극으로만 알아차릴 뿐 그 자극으로 발생하는 감정이나 생각에 사로잡히지 않는 근거가 된다.

또한, 부동심을 만들어 가는 과정에서 수많은 작은 깨달음들을 얻을 수 있다. 이런 작은 깨달음들과 부동심은 다음에 익힐 자비심의 기초가 된다. 마음공부가 어느 정도 익고 흔들림이 어느 정도 멈췄을 때, 마음을 세상에 펼치면서 자비심을 익혀야 한다.

자비심 _ 무아로 나아가는 과정

자비란 무엇인가? 간단하게는 중생에게 행복을 베풀며 고뇌를 제거해 주는 것이라고도 하고 혹은 중생을 크게 사랑하고 가엾게 여기는 것, 곧 중생을 편안하게 하는 것이라고도 한다. 자는 적극적으로 즐거움을 주는 것이고, 비는 소극적으로 괴로움을 없애는 것이라고 한다. 더 간단하게 말해서는 즐거움을 주고 괴로움을 없애는 것이라고 할 수 있다.

자비의 화신 관세음보살

대승불교에서는 보살이라는 개념이 있다. 부처가 되어 다시는 생명의 윤회에 들어가지 않을 수도 있지만, 중생을 구제하기 위해 마지막 깨달음을 미뤄 둔 자를 보살이라고 한다. 대표적으로 관세음보살이 있다. 관세음은 세상의 소리를 본다는 의미로 대자대비의 화신이라고 본다. 흔히 말하는 자비의 화신이다.

절에서 기도해 본 사람들은 알겠지만, 절집에서 많이 하는 기도가 관세음보살의 마음으로 기도하는 관음정근인데, 이렇게 시작한다. '나무南無 보문시현普門示現 원력홍심願力弘深 대자대비大慈大悲 구고구난救苦救難 관세음보살, 관세음보살' 이렇게 죽 염불을 하면서 기도한다. 대자대비하고 고통과 괴로움에서 구제해 주시는 관세음보살이라는 뜻이다. 이것을 다른 시선으로 보자면 이 세상이 괴로움과 고통으로 가득 차 있다는 의미도 포함한다.

관세음보살의 전생 이야기를 잠깐 살펴보자.

【계모에게 학대받다가, 아버지가 멀리 타국으로 돈을 벌러 나가자, 계모는 동생과 함께 무인도에 버린다. 배고픔과 목마름으로 몇 날 며칠을 괴로워하다가 죽기 직전에 큰 발원을 세운다. 다음 생에는 자기와 같이 괴로움에 빠진 사람을 구제해 주겠다고 발원하면서 죽는다. 다음 생에서 자신은 관세음보살이 되고 동생은 대세지보살이 되었다는 이야기이다.】

이처럼 자신이 궁벽하고 처절한 상태에서도 자신과 같은 괴로움에 빠진 사람들을 구제하려는 마음이 자비심이다. 그래서 관음정근을 시작할 때 대자대비 다음에 구고구난이 나오는 이유이다. 단단한 마음을 얻는 방법은 수많은 어려움을 극복해 냈을 때이고, 넓은 마음은 그 마음을 관조할 때 만들어진다. 불교적으로는 관세음보살의 위신력에 의지해 수많은 어려움을 극복했을 때 비로소 대자대비한 마음을 가질 수 있다. 그렇게 단단하지만, 넓은 마음을 가진다는 것은 불교에서 말하는 깨달음으로 가는 길이기도 하다.

자비에 대한 오해

　그래서 자비심은 어설픈 동정심과는 구별되어야 한다. 동정심은 자신보다 처지가 괴로운 사람에 대한 마음이다. 우월한 입장에서 열악한 사람에게 일으키는 마음이 동정이다. 자비심의 시작은 동정심이지만, 이보다 더 깊고 넓은 마음이다. 또한, 열악한 사람이 우월한 입장인 사람에게 베푸는 것도 가능하다. 동정심이 인간의 마음이라면 자비심은 보살의 마음이다.

　그런데 이렇게 자비의 화신인 관세음보살을 다르게 해석하는 예도 있다. 마두관음이라는 존재인데 이분은 관세음보살의 또 다른 화현으로 유일하게 분노를 표현한다. 자비의 화신인 관세음보살에게 왜 분노의 표현을 하는 존재가 필요했을까? 이러한 점에서 요즘 말하는 자비와 구별된다. 지금 시대의 명상을 하는 분야에서 자비란 말의 의미는 서구사회에서 말하는 기독교적인 사랑이란 말과 혼용되어 쓰이기도 하며 자애, 연민, 친절 등의 의미가 같이 쓰인다. 아마 비슷한 개념으로 이해할 수도 있다. 하지만 자비는 비슷하긴 하지만 완전히 다른 의미를 지닌다.

사무량심

자비심을 갖추기 위해서는 자비희사慈悲喜捨라고 하는 사무량심을 익혀야 한다. 사무량심은 수행방법이면서 경지라고 할 수 있다. 한량없는 중생에 대하여 일으키는 마음이면서 수행자가 한량없이 일으켜야 하는 마음이다.

사무량심은 다음과 같다.

자무량심慈無量心 남에게 즐거움을 주려는 마음

비무량심悲無量心 남의 괴로움을 덜어주려는 마음

희무량심喜無量心 남이 괴로움을 떠나 즐거움을 얻으면 기뻐하려
　　　　　　　　　는 마음

사무량심捨無量心 남을 평등하게 대하려는 마음

자세히 설명하자면 자비희사 중에 자비는 타인에게 직접적이고 물리적인 도움을 통해 자신의 마음을 닦는 것이고, 뒤의 희사는 타인에게 도움을 주고 난 뒤에 일어나는 마음을 가지고 스스로 닦아나가는 마음이다.

자무량심을 통해 남에게 즐거움을 주려는 마음은 수행으로 얼어버린 마음을 녹일 수 있다. 수행하면서 자신에 대해 냉혹하게 면도칼로 저미듯이 내면의 번뇌를 없애나가다 보

면, 어느 순간 인간의 마음을 잊어버린다. 희로애락의 감정이 사라진 것처럼 느껴진다. 하지만 사실 희로애락의 감정이 사라진 것이 아니라 희로애락의 감정이 꺼진 것이다. 이것은 인연이 생기면 다시 불처럼 일어난다. 자무량심은 그렇게 다시 일어나는 감정을 개인적인 욕망의 이기심이 아니라 타인을 위한 이타심이라는 원력에 실어내는 것이다.

비무량심은 남의 괴로움을 덜어주려는 마음이다. 고통 자체를 없애주는 것도 있지만 괴로움의 원인을 제거하는 것도 있다. 고통 자체를 없애는 것은 일어나는 현상에 대한 직접적인 도움이 되는 것이다. 굶주리거나 갈증을 느낄 때 밥을 주거나 물을 주는 것 같은 행위를 의미한다. 이것은 직관적이기 때문에 실행하기가 쉽다. 하지만 괴로움의 원인을 제거하기는 쉽지 않다. 방법이 거칠기도 하고, 보통 사람들이 이해하기 어려운 영역을 건드리기 때문에 오해를 받을 수도 있다. 예를 들면 마약이나 술을 끊게 하는 것이다. 마약은 말할 것도 없고 술도 과용하면 본인과 주변 사람들에게 피해를 준다. 당연히 마약이나 술은 순간의 괴로움을 없애줄 수는 있어도 근본적인 괴로움을 없애지는 못한다. 일반적으로 사람들은 마약은 당연히 끊어야 한다고 생각하지만, 술에 대해서는 관대하여서 술이 괴로움의 원인이라고 생각하지 않는다. 이런 오해와 어려움을 뚫고 행하는 마음이 비무량심이다.

희무량심은 남이 괴로움을 떠나 즐거움을 얻으면 같이 기뻐하는 마음이다. 인간은 기본적으로 욕망을 탑재하고 있다. 이 욕망은 육체라는 껍데기 속에서 이기적일 수밖에 없다. 그리고 욕망을 이루기 위한 대상은 한정적이다. 이렇게 이기적인 인간이 한정적인 대상을 통해 욕망을 이루기 위해서는 다른 사람이 아닌 내게 이익이 되어야 하고 혹시라도 다른 사람에게 이익이 생기면 빼앗어와야 하는 것이 인간의 슬픈 숙명이다. 자비의 마음을 가지고 사람들에게 이익이 되도록 하더라도, 자비를 베푸는 사람의 마음속 깊은 곳에는 이기적인 질투와 시기하는 마음이 생길 수 있다. 이렇게 일어나는 시기와 질투를 없애고 같이 기뻐하는 마음이 만들어지도록 수행하는 것이 희무량심이다.

사무량심은 남을 평등하게 대하려는 마음이라고 하지만, 자세히 말하면 다른 세 가지 마음을 사용하고 나서 버리는 마음을 의미한다. 사용한 흔적조차 없는 마음이다.

중생들에게 괴로움에서 벗어나게 하고, 즐거움을 주며, 같이 기뻐하더라도 중생은 중생이다. 사람에 따라 은혜를 고마워하고, 갚으려고 하며, 다시는 같은 잘못을 저지르지 않으려는 사람도 있지만, 어떤 사람은 그 순간만 고마워할 뿐, 은혜를 갚기는커녕 고마워하지도 않고, 자신이 해결했다고 생각하며, 심지어 도움을 준 존재에 대해 배반하고 모함하기도 하는 것이 인간이다. 이런 상황에서도 흔들리지 않는 마음을 갖는 것이다. 애초에 존재하지 않은 마음이라면 상처받을 일도 없다. 이렇게 중생에 대해서 마음을 쓰기만 할 뿐, 그들이 그 이후에 어떤 마음을 내든 상관하지 않는 마음을 만드는 것이다. 다시 말하면 중생에게 기대하는 바 없이 마음을 내는 것이다.

사실 사무량심은 네 가지 무량심 중에 핵심이다. 마음을 쓰고 나서 그 흔적을 남기지 않는 것, 이것이 자비희사라고 하는 수행방법을 통해 이루려고 하는 경지이다.

감정이 아닌 자비

사랑이나 동정이 감정의 영역이라면 자비는 감정을 넘어선 영역이다. 감정에 흔들리지 않을 때 비로소 자비를 쓸 자격이 생긴다. 그것은 감정에 대응하는 이성적인 영역이 아니다. 감정도 품고 이성도 품는 마음의 영역이다. 이러한 영역에 들어서는 것은 쉽지 않다. 끝없이 수행하고 수행을 통해 마음을 공부해서 나아가는 길 위에 있는 사람이어야 비로소 가능하다고 할 수 있을 것이다. 결국 마음의 영역이 무한대로 커져서 나를 규정하는 것이 없어질 때, 즉 무아일 때 가능한 것이 자비이다.

그런 의미에서 사무량심은 네 가지 무량심 중에 핵심이다. 마음을 쓰고 나서 그 흔적을 남기지 않는 것, 이것이 자비희사라고 하는 수행방법을 통해 이루려고 하는 경지이다. 다시 말하면, 자비를 베푸는 과정이 무아로 나아가는 과정이지만, 무아를 이루어야만 진정한 자비의 마음이 사용할 수 있는 것이다.

점;심

點 _{마음에
점을 찍다} 心

발행일 2025년 9월 30일

지은이 임진수
펴낸이 김영희
펴낸곳 ㈜더퍼플미디어

출판등록 2024년 1월 15일 제2024-000008호
주소 서울특별시 강서구 공항대로 222, 908호
    (마곡동, 발산더블유타워 업무시설)
이메일 02waa@naver.com

ISBN 979-11-987717-9-7 03100